어린이는 자란다

함께 읽다, 함께 자라다

어린이는
자란다

함께 읽다, 함께 자라다

김경희
김지혜

바른북스

어린이의 삶을 교사의 눈으로 다시 볼 때 어떤 모습일까요?

어린이는 늘 자라고 있습니다.

언제 어디서나 자신만의 속도로 자라는 아이들이 책과의 만남을 통해 나와 너, 우리를 만나게 됩니다.

어린이가 자라는 곳에는 많은 동반자가 있습니다. 교실 속에서 이루어지는 삶과 나눔의 장을 솔직한 목소리로 들려주는 두 선생님이 있습니다.

두 선생님의 따뜻한 시선으로 바라본 어린이의 삶을 통해 동심의 세계로 다시 돌아갑니다.

교실 속 책과 만나는 어린이들이 나누는 이야기를 들으며 아이 하나하나와 눈 맞춤 하는 시간을 가져보시길 추천드립니다.

-그림책 수다방 그니쌤-

목
차

1부. 책으로 마음을 켜다

김경희

시작하며

"처음 만나는 이야기, 처음 여는 마음 — 아이들의 마음
이 책을 통해 조용히 불을 밝힌다."

저학년 아이들에게 책은 자신을 비춰보는 거울이고, 세
상을 조심스럽게 마주하는 창이다. 이 시기의 아이들은 이야
기를 따라가며 자신의 감정을 인식하고, 슬픔과 기쁨을 말로
표현해 보며, 때로는 말하지 못한 마음을 조용히 품는다.

1부 「책으로 마음을 켜다」는 그런 아이들과 함께 그림
책을 읽고, 이야기 속 인물에게 감정을 빌려 마음을 꺼내보

는 교실의 기록이다. 울고 웃는 장면에서 자신의 이야기를 꺼내는 아이들, 나무 그림 앞에서 상처를 말하는 아이들, '거짓말'을 주제로 도덕적 갈등을 고민하는 아이들의 모습을 통해 책이 마음을 여는 열쇠가 될 수 있음을 보여준다.

아이들은 말한다.

"마음이 불편했어요."

"나도 저 애처럼 속상했어요."

"거짓말을 안 하고 싶었는데, 무서웠어요."

책은 아이들에게 '생각할 수 있는 시간'을, '느껴도 괜찮은 감정'을, 그리고 '말해도 안전한 공간'을 선물한다. 저학년 시기의 독서는 이해력보다 '정서의 언어'를 키우는 데 중요한 기회가 된다. 아이들이 자신의 마음을 스스로 만나고 다른 이의 마음을 상상하며 자라날 수 있도록, 교사는 책과 함께 조용히 불을 밝혀주는 사람이 되어야 한다. 아이들의 내면이 책을 통해 어떻게 반짝이기 시작하는지, '마음이 켜지는' 그 따뜻한 순간들을 전하고 싶다.

김경희

책 한 장의
무게

『강아지똥』, 권정생 글, 정승각 그림, 길벗어린이

나의 꿈은 교사가 아니었다. 그렇다고 뚜렷한 다른 꿈이 있었던 것도 아니다. 교대에 진학하고 4년을 보내는 동안, 그리고 졸업을 앞두고서도 과연 내가 교사가 되어 잘할 수 있을까 하는 걱정이 컸다. 누군가를 가르치고 이끌겠다는 확고한 소명보다는, 막연한 불안과 두려움을 안은 채 졸업을 하게 되었다.

그렇게 첫 발령을 받고, 3학년 아이들과 함께 수업을 하게 되었다. 학생에서 하루아침에 교사가 되어 학교로 출근한다는 건 결코 쉽지 않은 일이었다. 주어진 업무를 해내는 것도 벅찼고, '동료교사'라 불리지만 나보다 훨씬 연배가 높은 선배 교사들과 지내는 일도 늘 조심스러웠다. 그나마 교실에 있을 때는 조금 편했고, 아이들의 다양한 모습을 관찰하는 일은 흥미롭기도 했다. 그 시기에 나를 가장 괴롭혔던 고민은 바로, '나는 왜 아이들을 이끄는 강력한 카리스마가 없을까?' 하는 것이었다. 좋은 수업은 고사하고, 수업 시간에 아이들이 떠들 때나, 운동장에서 줄을 세울 때조차 내 말을 잘 듣지 않는 아이들을 보며, 나는 자주 깊은 생각에 빠지곤 했다.

어느 날, 우리 반의 한 여자아이가 다가와 이렇게 말했다.
"선생님, 선생님은 왜 애들을 조용히 못 시켜요? 제가 조용히 시키는 방법 알려줄까요?"

그러면서 스티커를 사용해 보라고 권했다. 아이의 말이 속상하기도 했고, 그 말을 듣자니 부끄러워 얼굴까지 붉어졌다. 조금은 굴욕적인 순간이었다. 다른 선생님들은 모두 교사답게 잘 해내고 있는 것 같은데, 나만 혼자 준비되지 않은 채 학교에 내던져진 느낌이었다.

아이들과 진심으로 교감할 수 있는 무언가가 간절하게

필요했던 시기였다. 그때 내가 발견한 소중한 활동이 바로 책을 읽어주는 일이었다. 아이들도 좋아했고, 나 역시 그 시간이 즐거웠다. 이야기에 푹 빠져 온전히 집중하는 그 순간만큼은, 아이들이 내 이야기에 진심으로 빠져드는 듯한 느낌이 들어 위안이 되기도 했다. 그 시절, 아이들에게 읽어준 그림책 중 가장 기억에 남는 책이 권정생이 쓰고 정승각이 그린 『강아지똥』이다. 수업 진행조차 아직 어색하던 내가, 그림책을 들고 아이들 앞에 섰던 순간은 지금도 생생하다. 이야기를 듣던 한 아이가 조용히 눈물을 흘리던 장면은 오래도록 내 마음속에 남아 있다. 놀라운 경험이었다. 이야기가 끝나고 그 아이가 "너무 슬픈데, 그림이 너무 아름다워요."라고 말을 했다. '슬픈데 아름답다.' 어린아이가 그런 복합적인 감정을 느끼고, 그 감정을 말로 표현할 수 있다는 것에 놀랐다. 무엇보다 같은 장면을 같은 감정과 시선으로 보고 있다는 사실이 참 신기했다. 책의 힘을 실감한 순간이었다. 돌이켜 보면 '나도 언젠가는 아이들의 마음을 움직일 수 있는 교사가 될 수 있지 않을까?' 하는 조심스러운 기대가 처음 피어났던 순간이기도 했다. 그때부터 한동안 『강아지똥』은 나에게 단순한 동화가 아니었다.

특히 아이들이 가장 좋아했던 장면은 민들레가 녹아 땅

으로 스며드는 부분이다. 자신이 사라져 또 다른 나로 태어나는 장면은 아이들에게 여러 가지 의미를 전한다. 존재의 소멸이 단지 끝이 아니라 새로운 시작이 된다는 메시지가 따뜻하게 느껴졌다. 그래서 이 책은 누구에게나 권하고 싶은, 내가 아끼는 책이 되었다.

하지만 어느 순간부터 아이들과 함께 『강아지똥』을 읽는 일이 조금씩 꺼려지기 시작했다. 교실에서 책상 옆에 떨어진 휴지를 주워달라고 하면 "그거 제가 버린 거 아니에요." 라고 말하는 아이들, 조금 다른 친구가 있으면 거리낌 없이 모질게 대하는 아이들이 예전보다 많아졌다는 느낌이 들었기 때문이다. 그런 생각이 들고 나니, 내가 읽어주는 『강아지똥』이 과연 아이들에게 어떤 의미로 다가가고 있을까 하는 고민이 생겼다. 혹시 감동을 강요하거나, 착해야 한다는 메시지를 단순한 지식처럼 전달하고 있는 건 아닐까. 그런 고민이 들고부터는 아이들과 함께 『강아지똥』을 읽고 이야기를 나누는 일이 점점 조심스러워졌다.

그렇게 한동안 『강아지똥』을 읽지 않던 내가 다시 이 책을 펼치게 된 건, 1학년을 맡으면서부터였다. 같은 학교에서

1학년을 네 해 연달아 가르치며, 학교에 처음 적응해 한글과 수를 배우고, 친구를 사귀고, 규칙을 익히며 스스로 해낸 것을 자랑스러워하는 아이들의 성장을 곁에서 지켜보았다. 처음에는 "이거 못 해요.", "싫어요."만 외치던 아이가 어느 날 "선생님, 저 혼자 해봤어요!"라며 밝게 웃는 순간, 혼잣말처럼 중얼거리며 글자를 겨우 읽던 아이가 갑자기 또박또박 책을 읽어 내려가는 순간, 친구와 자주 다투던 아이가 어느 날 먼저 사과하고 손을 내미는 순간들을 마주하며 생각하게 되었다. 작고 서툰 존재였던 아이들이 매일 아주 조금씩, 그러나 분명히 달라지고 있었던 것이다.

1학년 아이들은 세상을 처음 만나는 마음으로 교실에 들어선다. 매일이 새롭고, 실수조차 웃음이 되는 그 긍정적인 첫 마음을 바라보며, 문득 예전에 내가 원망했던 아이들의 '처음'은 어땠을까 돌아보게 되었다. 그 아이를 이해하기도 전에, 내가 너무 빨리 실망하고 쉽게 단정 지은 건 아니었을까. "그거 제가 버린 거 아니에요."라고 말하던 아이들, 친구를 밀어내고 소외시키던 아이들 역시, 어쩌면 그저 서툴게 성장하고 있던 중이었을 뿐인데, 나는 그 행동만 보고 마음은 보려 하지 않았던 건 아닐까? 문득, 아이들을 바라보는 내 시선이 먼저 굳어져 있었던 건 아닌지 돌아보게 되었다. 변화가 필요했던 건 아이들이 아니라, 어쩌면 먼저 판단해 버린 나의 시선이었는지도 모른다. 『강아지똥』 속 민들레의 눈이 아니라, 강아지똥을 하찮게 여겼던 참새와 닭의 눈으로 아이들을 보고 있었던 건 아닐까. 그렇게 다시 펼친 『강아지똥』은 예전과는 전혀 다른 이야기를 들려주었다. 이 책을 통해 아이들에게 어떻게 살아야 하는지를 전하기보다, 오히려 나 자신이 어떻게 살아갈 것인가를 깊이 고민하게 되었다. 『강아지똥』은 내 안에 굳어 있던 생각들과, 내가 만들어 놓은 교사의 모습을 내려놓고 어떤 교사로 살아갈 것인가 묻는 책이 되었다.

교실에서 아이들과 지내는 일은 쉽지 않다. 교직 생활이 길어지면 나름의 비법이나 방법이 생겨, 이 일에 대해 뭔가 탁월함이 길러지리라 기대했다. 늘 그 탁월함은 매일매일 차곡차곡 쌓아 올리는 것이라고만 생각했는데, 『강아지똥』이 죽음을 통해 민들레로 다시 태어난 것처럼, 진정한 시작은 오늘의 나를 잘 내려놓는 일에서부터 비롯된다는 것을 깨닫게 된다. 책 한 장으로 아이들과 만나고, 그 안에서 나 자신을 돌아보는 일이 여전히 참 좋다. 책 한 장의 무게는 교실에서도, 내 삶 속에서도 언제나 중심을 잡아주는 힘이 된다.

따뜻한
관찰일기

『감자』, 아라이 마키 글, 엄혜숙(옮긴이), 이정모(감수), 웃는돌고래

매년 아이들과 함께 텃밭에 식물을 심고 키운다. 아침 산책을 마친 뒤 아이들과 함께 텃밭을 둘러보며 물을 주기도 한다. 도시화된 환경에서 살아가는 아이들에게 흙을 만지고 식물을 직접 길러보는 경험은 그 자체로 특별한 배움이다. 아이들은 텃밭에서 마주하는 작은 변화에도 놀라움을 감추지 못한다.

"선생님, 작두콩보다 제가 더 커요!"

1부. 책으로 마음을 커다

물 주던 손을 멈추고 식물과 키를 비교해 보기도 하고, 꽃을 가까이 들여다보거나, 흙 속에서 벌레를 찾는 아이도 있다. 텃밭의 흙냄새를 맡고, 손으로 씨앗을 심고, 조금씩 달라지는 잎과 줄기를 관찰하며 아이들은 자연과 연결되는 감각을 자연스럽게 되찾는다.

텃밭에 감자를 심는 시기가 되면, 아이들과 함께 아라이 마키의 그림책『감자』를 읽는다. 이야기는 단순하다. 감자를 심고, 기다리고, 자라나는 과정을 관찰하는 내용이다. 늘 식탁 위에 오르던 평범한 감자는, 이 책 속에서 세밀하게 그려진 성장 과정을 통해 하나의 눈부신 생명으로 아이들에게 새롭게 다가온다.

부드러운 색감과 다정한 그림은 편안한 인상을 주지만, 책장을 한 장 한 장 넘길 때마다 감자의 아주 작은 변화들이 섬세하게 담겨 있어 오히려 조용한 긴장감마저 느껴진다. 싹이 트기 전 감자의 상태, 흙 속 뿌리의 움직임, 줄기와 잎이 자라나는 모습 등 변화의 주요 장면들이 세밀하게 묘사되어, 아이들은 단순한 그림을 넘어 생명의 성장 원리를 직접 들여다보는 듯한 경험을 하게 된다. 이 책은 단순한 그림책을 넘어, 과학적 탐구와 생명에 대한 감성적 이해를 함께 길러주는 교육적인 텍스트로도 큰 의미를 지니고 있다.

감자 씨앗 신기하게 생겼다.

감자 씨앗인 줄 알았는데,

그냥 감자가

귀엽게도 생겼다.

먹고 싶다.

– 2023년 1학년 함서하

4월 중순이 되면 아이들과 함께 씨감자를 심는다. 씨앗이나 모종을 심어본 경험이 있는 아이들에게, 감자를 통째로 심는 일은 조금 신기하게 느껴지기도 한다. 감자를 반으로 썰고, 흙으로 덮으며 '정말 이게 자랄까?' 하는 궁금증을 품는다. 아이들은 감자를 심자마자 물을 주고 싶어 안달이다. 물을 듬뿍 주면 금세 쑥쑥 자랄 것 같은 마음, 그리고 물주기 자체가 즐거운 놀이처럼 느껴지기 때문이다. 하지만 감자에 물을 너무 많이 주면 오히려 썩어버린다. 빨리 싹이 트기를 바라는 마음을 잠시 접고, 내가 하고 싶은 대로가 아니라, 감자가 필요로 하는 속도에 맞춰 기다림을 배우는 시간. 그것이 바로 씨감자와 함께하는 봄날의 첫 수업이다.

관찰이란, 단순히 자세히 보는 것을 넘어 기다림과 애정이 필요한 태도이다. 대상을 오랫동안 바라보면, 그를 둘러

1부. 책으로 마음을 켜다

싼 세계와 주변의 관계까지도 보이기 시작한다. 결국 관찰은 '보는 것'을 넘어 생각하며 보고 느낀 바를 자신의 언어로 표현하고 해석하는 의미 있는 경험이 된다. 텃밭에서 식물의 성장을 지켜보는 일은, 아이들이 자기만의 세계를 새롭게 구축해 나가는 작은 시작이 된다.

> 감자꽃을 봤다.
> 근데 꺾어야 한다고
> 감자꽃을 꺾으셨다.
> 근데 왠지 불쌍했다.
>
> – 2023년 1학년 김서율

5월, 감자꽃이 필 즈음이면 권태응 시인의 『감자꽃』을 함께 읽고 노래로도 불러본다. 아이들은 텃밭에 피어난 감자꽃의 색을 바라보며, 그 아래 어떤 감자가 자라고 있을지 상상한다. 그리고 감자 덩이가 더 잘 자라도록 꽃을 따야 한다는 선생님의 이야기를 듣고, 함께 조심스럽게 감자꽃을 꺾는다. 그 과정을 이해하면서도, 꽃을 꺾는 순간 아이들은 작고도 묘한 불편함을 느낀다. 함께 공부하고 쓴 우리 반 아이의 시에는 바로 그 순간의 마음이 고스란히 담겨 있다. 감자꽃을 꺾는 행동 속에서 아이들은 식물의 성장과 농사 원리를 배울 뿐 아니라, 한 송이 꽃에도 마음을 쏟는 따뜻한 시선을 보여준다.

관찰이란, 단순한 기록이나 판단이 아니라 때로는 이해와 공감의 문을 여는 일임을 아이들과 함께 배운다. 아라이 마키의 그림책 『감자』는 이런 마음의 결을 편안하게 건드리는 열쇠가 되어주었다. 객관적이고 냉철한 시선으로만 여겨졌던 '관찰'이 아이들과 함께하는 시간 속에서 따뜻한 관찰로 새롭게 열리는 순간, 교사들은 감자꽃을 통해 생명과 마음을 함께 들여다보는 소중한 배움의 세계로 들어설 수 있었다.

노랑,
기억의 힘

『노란 달이 뜰 거야』, 전주영 글, 이야기꽃

저학년 아이들과 공부를 할 때다. 그림 그리기를 좋아하고 부끄러움이 많지만, 작은 목소리에서 늘 상냥함이 묻어나는 아이가 있었다. 그 아이는 겁이 많은 눈빛이었지만 친구들과 잘 웃고 떠드는 모습이 자주 눈에 띄었다. 그런데 어느 날부터 갑자기 오후 방과 후 시간이 되면 어두운 표정으로 나를 찾아오기 시작했다. "무슨 일이 있니?" 하는 나의 물음에 갑자기 아빠가 너무 보고 싶다고 한참을 울었다. 상담을 통해 아이의 가족사에 대해서 들은 바가 있었지만, 아이가 직접 자신의 상황을 이야기한 것은 처음이었다. "왜 아빠를 볼 수 없어요?"라고 엄마한테도 말을 했단다. 보고 싶지만 어쩔 수 없는 일이라는 엄마의 답도 이 아이에게 받아들일 수 없는 말이었다. 아이를 꼭 안아주는 것 외에 내가 할 수 있는 것이 없었다. 나는 종교가 없다. 하지만 이런 순간엔 어떤 종교든 그곳에서 말하는 사후 세계가 있었으면 좋겠다는 생각을 하기도 한다. 만약 그런 세계가 있다면, 지금의 헤어짐이 끝이 아니라면, 언젠간 만날 수 있다는 위로를 받을 수 있을까 생각하게 된다. 그때도 지금도 여전히 답하기 힘든 아이들의 질문이 있다.

전주영의『노란 달이 뜰 거야』는 돌아올 수 없는 아빠의 이야기를 담은 책이다. 그림책 표지는 흑백의 배경 위에 노랑나비들이 날고 있는 모습이다. 제목 속의 '노란 달'과 표지 그림의 '노랑나비' 이미지를 보고, 이야기가 어떻게 전개될지 상상해 보게 했다. 가장 많은 대답은, 어두운 언덕길 속 노랑나비가 희망을 전해주는 존재라는 것이었다. 그림책 첫 시작에는 조그마한 탁자에서 나비를 그리고 있는 아이가 있다. '오늘도 아빠는 오지 않고'라는 글을 읽고 아이들에게 묻는다. "이 아이의 아빠는 왜 오지 않을까?" 아이들 역시 '외국에 멀리 가서 일을 하지 않을까?, 돌아가셨나?' 상상하며 아빠의 부재가 짧고 단순한 이유가 아님을 짐작한다. 이 아이가 살고 있는 방을 자세히 관찰해 보자고 한다. 화면 가운데 아이와 아빠, 엄마가 행복해하는 모습이 담긴, 아이가 그린 그림이 있다. 나란히 걸린 우산 3개, 서랍장에 얹힌 이불로 방 한 칸에서 살고 있는 아이의 가족을 떠올리게 된다. 회사, 이모, 삼촌, 엄마 번호가 적힌 메모지, '문단속, 가스불×'라는 작은 메모에서는 아이 홀로 이 방 안에서 보내는 시간을 짐작하게 한다. 방 안 달력은 2014년 4월, 그 앞의 가족사진과 아빠의 독사진이 예사롭지 않다. 다음 장면에서 방 안에 덩그러니 있는 물건은 아이의 일상에 여전히 존재하는 아빠의 부재와 그리움을 그대로 보여준다. 아이는 말하지 않았지만, 공간 자체는 아이의 삶을 말해준다.

이야기 속 아이가 그린 나비는 집 안 곳곳 아빠의 손때 묻은 물건 위를 옮겨 다닌다. 아이의 나비는 현실의 경계를 넘어 창문 밖으로 훌쩍 날아간다. 노랑나비는 아빠와 추억이 가득했던 동네 구석구석으로 아이를 이끈다. 아이는 아빠와 있었던 기억을 더듬어 가며 동네의 가파른 언덕 끝까지 오른다. 그림책 장면을 넘길 때마다 나비의 수가 조금씩 늘어난다. "나비의 수가 왜 늘어날까?" "아이가 그린 나비는 무엇일까?"라는 질문을 교실의 아이들에게 던지기도 한다. 노랑나비를 아빠와의 추억으로 여기며, 나비가 늘어나는 모습을 아이의 깊어지는 그리움으로 읽어내기도 한다. 나비를 따라 아빠의 기억을 더듬으며 언덕을 오르는 동안 이야기 속 아이는 깊은 어둠 속에 닿는다. 어둠의 시간과 마주하며 무서워하는 아이에게 아빠는 "걱정 마, 곧 달이 뜰 거야."라는 말을 건넨다. 그리고 독자들은 화면을 꽉 채울 듯 큰 달이 언덕마을을 비추는 장면을 보게 된다. 그 장면에서 교실의 아이들은 "달이 엄청 커서 이제 아이가 무서울 것 같지 않아요."라고 말하기도 했다. 팔랑거리던 나비의 노란 날개와 흑백 화면에 커다랗고 강렬한 노랑 달, 그리고 마을을 은은히 비춰주는 노란빛의 변화는 이야기 속 주인공의 심리적 변화를 독자가 읽어낼 수 있는 하나의 열쇠가 된다.

커다란 달은 아이와 엄마가 잠든 방 안까지 가득 찬다. 이야기는 뒤 면지의 노란 별로 가득한 밤하늘 장면으로 마무리된다. "왜 이 아이는 엄마에게 아빠가 언제 오냐고 묻지 않을까?"라는 물음에, 교실의 아이들은 엄마가 슬플까 봐, 달빛이 비쳐 이제는 슬프지 않아서, 달이 아빠라 집에 온 것 같다고 말했다. 아이들의 이런 해석처럼, 집 안을 가득 비추는 달빛 속에서 이야기 속 아이는 아빠의 부재로 힘들었던 엄마를 이해하고 위로할 만큼 한층 성장한 모습으로 그려진다. 현실에 아빠는 없지만, 달빛이라는 사라지지 않는 존재로 아이와 가족 곁에 함께하길 바라는 마음이 담긴 것 같다고 읽어내기도 한다.

책을 다 읽은 뒤, 이 이야기가 아이들에게 어떻게 기억될지 궁금했다. 아이들은 대부분 슬픈 이야기라고 했지만, 한 아이는 슬프기만 한 책은 아니라고 말했다. 아빠는 지금 곁에 없지만, 그림책 속 달빛처럼 남은 가족을 비춰주는 추억 덕분에 늘 함께 있는 것처럼 느껴질 것 같다는 것이었다. 어린 시절의 기억은 사람들의 삶 속에 조용히 흔적을 남긴다. 아이들과 책 이야기를 나누다 보니, 나 역시 지금까지 내 삶을 빚어 온 어린 시절의 기억들이 떠올랐다. 지금의 우리 반 아이들은 어떨까? 어떤 말과 일을 기억하고, 무엇을 추억으로 남기고 싶을까? 어떤 아이는 '공부를 잘해야 한다.'는 이야기를 기억했고, 또 다른 아이는 '어려운 사람을 도와야 한다.', '사람의 마음을 이해하려 노력해야 한다.'는 이야기를 기억했다. 엄마와 아빠가 안아주었을 때 따뜻한 기분, 엄마가 행복할 때 웃고 있는 모습을 오래 간직하고 싶다는 이야기도 했다. 오늘, 지금 이 기억들이 우리 반 아이들을 어떻게 성장시킬까?

전주영 작가가 쓴 『노란 달이 뜰 거야』는 2014년 4월 16일 세월호 참사를 추모하며 소중한 사람을 그리워하는 사람에게 위로가 되길 바라는 마음을 담아 만든 작품이다. 이 책의 노랑은 그리움과 기다림이 불러낸 기억의 색이다. 4월이면 아이들과 이 책을 함께 읽는다. "아빠가 너무 보고 싶은데, 엄마가 이제는 어쩔 수 없는 일이라고 해요."라며 울던 아이에게 지금이라면 내가 다른 답을 줄 수 있을까 생각해보기도 한다. 시간이 지났지만, 여전히 나에게 답하기 어려운 질문이다. 다만, 아이들과 이 책을 읽으며 아이들이 살아가며 슬픔을 만났을 때, 오늘 함께 읽은 이 책의 노랑을 어렴풋이 떠올릴 수 있기를 바랄 뿐이다. 나를 보듬고 치유하는 노랑을 마음 한구석에 남겨둘 수 있다면, 그것으로 참 고마운 일이다.

깊고 깊은
그 어느 마음속에

『연이와 버들 도령』, 백희나 글 · 그림, 책읽는곰

학교생활을 하다 보면 가끔 폭력적인 아이들을 만나기도
한다. 그런 아이들은 다른 사람에게 공격적인 태도를 보이
는 동시에, 자신에게도 매우 가혹하게 굴곤 한다. 그런 아이
를 이해하는 것도, 그 아이와 함께 그 시간을 견디는 것도 결
코 쉽지 않다. 그런 어려움을 겪는 한 아이가 있었다. 그림을
그리게 하면 언제나 집의 평면도를 그리는 아이였다. 그리
고 집 안의 여러 방 중 하나에는 늘 독수리가 그려져 있었다.
"무슨 그림이야?" 하고 물으면 아이는 말했다. "도둑이 집에
몰래 들어오면, 독수리가 공격해서 그 도둑을 죽여요." 어떤

날은 그 장면이 무서울 정도로 잔인하게 묘사되기도 했다. 그 아이는 화가 나면, 마치 그 독수리처럼 주변에서 말리는 사람들을 공격하기도 했다. 더 화가 나면, 자신을 향해 날을 세우기도 했다. 나는 자주 그 아이의 그림 속, 집 안의 방 한 칸을 언제나 차지하고 있던 그 독수리를 떠올린다. 교실에서 교사는 아이 마음속 숨겨진 '독수리'를 만나야 하는 순간을 맞이하기도 한다.?

아이들에게 옛이야기를 들려주는 일은 즐겁다. 재미있는 이야기부터 신기하고 때로는 무서운 이야기까지, 옛이야기는 아이들과 만나기에 좋은 소재가 된다. 대부분의 이야기를 아이들이 흥미롭게 들어주지만, 그중에서도 특히 『연이와 버들 도령』을 좋아한다. 다만 이 이야기를 읽어줄 때마다 늘 고민이 된다. 옛이야기 속에서 연이를 괴롭히는 인물이 새엄마로 등장하고, 연이를 도와주는 버들 도령마저 잔인하게 죽음을 맞이하는 장면을 아이들이 어떻게 받아들일지가 걱정되기 때문이다. 백희나의 『연이와 버들 도령』 그림책에는 무서운 표정의 나이 든 여인이 등장한다. 작가는 이 인물을 단순한 개인이 아닌, 엄마를 넘어선 권력과 지배의 상징으로 표현하고자 의도적으로 나이 든 여성의 모습으로 그렸

1부. 책으로 마음을 켜다

다고 한다. 그런데 흥미로운 점은, 아이들이 교사가 설명하지 않아도 이 인물을 자연스럽게 '새엄마'로 받아들이며 이야기를 이해해 간다는 것이다. 왜 그럴까? 아이들 마음속에서 '새엄마'는 단순히 '새롭게 가족이 된 사람'이 아니라, 아이가 경험한 갈등이나 불안과 연결되어 상징화되기도 한다. 가족에 대한 이야기를 나누다 보면, 아이들은 자신을 따뜻하게 품어주는 엄마와 때때로 화를 내며 자신을 힘들게 하는 엄마를 동시에 마음속에 떠올리곤 한다. 그렇기에 아이들은 이야기 속 새엄마의 악행을 보며, 평소 혼이 났거나 야단을 맞았을 때 자기 마음을 떠올리고, 연이의 감정에 자연스럽게 자신을 겹쳐보게 되는 것인지도 모른다. 어쩌면 그 무서운 여인은 단지 이야기 속 인물이 아니라, 아이 마음속에 잠시 머물렀던 외로운 감정과 두려움의 또 다른 얼굴일지도 모른다.

이 책에서 아이들이 가장 흥미로워하는 장면은 단연 연이가 버드나무 동굴로 들어가 버들 도령을 만나는 장면과 버들잎으로 상추를 만들어 내는 장면이다. 깊고 깊은 작은 동굴로 걸어 들어가, 따뜻한 봄기운이 가득한 동굴문이 열리는 순간, 연이가 버들 도령의 도움을 받으며 느끼는 안도

감과 기쁨이 그대로 독자들에게도 전해진다. 그리고 이제 연이는 어렵고 힘든 일이 생길 때마다 이곳을 찾아 "버들 도령, 버들 도령, 연이, 나 왔다. 문을 열라."라고 말하면, 다시 문이 열릴 수 있다는 마법 같은 비밀 열쇠를 손에 넣는다. 아이들도 이 장면에서 신이 나서, 교사가 책을 읽어줄 때 그 주문을 크게 따라 외치며 이야기 속에 깊이 몰입하곤 한다.

아이들에게도 연이처럼 자기만의 동굴이 필요한 순간이 있을까? 매일매일 잘 삐지는 아이가 있었다. 삐지면 늘 교실 뒤편 구석에서 조용히 웅크리곤 했다. 학교에서도 삐지는 걸로 유명해서, 입을 삐죽이면 누구든 "오늘도 또 삐졌어?"라고 물었다. 그런 아이를 달래다가도 한편으로는 '조금만 더 쉽게 넘어가면 안 될까.' 하는 생각이 들 때도 있었다. 그 아이의 집에 가정방문을 갔을 때였다. 얼마나 기대했는지 마을 어귀 큰 나무 아래서 혼자 나를 기다리고 있었다. 집에서 할머니와 함께 차를 마시고 있을 때, 아이가 안방에 놓인 커다란 장롱을 가리키며 말했다. "선생님, 여기가 제 집이에요. 형이 때리거나 할머니가 야단치면 여기로 숨어요. 지난번엔 여기서 잠들었어요." 혼났을 때, 친구가 놀아주지 않을 때, 왠지 나만 뭔가를 잘못하고 있는 것 같을 때, 아이들에게도 연이처럼 상처받은 마음을 숨기고 치유할 수 있는 깊고 깊은 동굴이 필요하지 않을까? 그 좁고 좁은 장롱 안이, 그 아이에게는 어쩌면 가장 안전하고 깊은 치유의 동굴이었는 지도 모른다.

치유의 동굴, 즉 아이들이 스스로 마음을 가라앉히고, 조용히 회복할 수 있는 시간과 공간을 허락하는 일은 생각보다 쉽지 않다. 학교는 늘 바쁘고, 정해진 시간표 안에서 빠르게 움직인다. 쉴 틈도, 멈출 틈도 없이 배워야 하고, 해내야 한다. 그래서 '잠시 쉬어가는 시간'은 중요하다는 걸 알면서도, 종종 놓치게 된다.

아이들이 혼자 있고 싶어 하거나, 말없이 조용히 있는 모습을 보면, 마음보다 행동에 먼저 눈이 간다. 삐졌나? 왜 이러지? 그저 '문제 행동'으로 받아들이기 쉽다. 그 나이, 그 학년에서 겪는 감정의 소용돌이를 이해하려 하기보다, '지금 해야 할 것'을 우선순위에 두고 아이들을 다그친 적이 한두 번이 아니다. 가르치는 자리에 있다는 이유만으로, 기다림보다 결과를 먼저 챙기려 했던 나 자신을 교실에서도, 가정에서도 자주 발견한다.

어느새 '아이의 마음'보다 '아이의 행동'에 더 익숙해졌다.. 경험이 쌓일수록 아이를 더 잘 이해하게 될 줄 알았는데, 오히려 그 경험이 편견이 되고, 고정관념이 되어 아이를 좁은 틀에 가두고 있진 않았을까 고민하는 순간이 종종 있다. 배움과 경험은 분명 나를 자라게 했지만, 그 모든 것들이 늘 옳은 방향으로만 나를 이끈 건 아니었다. 그래서 이제는 더 자주, 스스로에게 묻는다. 지금 아이를 이해하고 있는 걸까, 아니면 길들이고 있는 걸까. 고요한 아이의 마음을 들여다볼 수 있는 여백을 과연 나는 가지고 있는 걸까. 이 질문을 놓지 않으려 한다. 아이 마음속에서 거칠게 날고 있는 독수리가 여전히 두렵긴 하지만.

마음의 빛,
용기 켜기!

『모치모치 나무』, 사이토 류스케 글, 다키다이라 지로 그림,
김영애(옮긴이), 주니어RHK(주니어랜덤)

아프리카의 세누포족 성년식에서는 소년들이 며칠 동안
밀림 속에서 홀로 지낸다. 어둠과 야생동물의 위협 속에서
도 두려움을 이겨내며, 아이는 어른으로 성장할 내면의 힘
을 기르게 된다. 우리나라에서도 백일이나 돌잔치 때 밤길
을 걷는 풍습을 지닌 지역이 있었다고 한다. 이는 단순한 외
출이 아니라, 아이가 낯선 세상과 마주하고, 두려움을 견디
며 스스로 서는 힘을 기르는 일종의 통과의례였다. 이처럼
세계 여러 나라의 전통에서 볼 수 있는 공통점은, 성장을 단
순히 '나이를 먹는 것'으로 보지 않았다는 점이다. 한 아이가

자립적인 존재로 거듭나고, 동시에 공동체의 일원으로 책임을 지는 과정으로 여겼던 것이다.

그림책 『모치모치 나무』는 이러한 고대 부족 사회의 성년식을 떠오르게 한다. 할아버지와 함께 사는 주인공 마메타는 겁이 많은 아이다. 밤에 화장실을 가고 싶을 때면 혼자 가지 못하고, 늘 할아버지를 깨운다. 그러던 어느 날, 아픈 할아버지를 위해 마메타는 마침내 혼자 어두운 밤길을 걸어 마을의 의사를 데려온다. 할아버지를 위하는 마음이, 두려움을 이기는 용기로 바뀌는 순간이다. 마메타는 이 경험을 통해 자신의 안에서 자라고 있는 책임감과 용기, 그리고 자립심을 발견하게 된다. 혼자 오줌도 누지 못하던 아이가, 한 사람을 살리기 위해 어둠 속으로 들어가는 과정을 통해 '어린이'에서 '어른'으로 넘어가는 문턱을 건넌 것이다. 이 장면은 단지 한 아이의 성장담이 아니라, 우리가 잊고 지내는 진정한 성숙의 의미를 되새기게 한다. 성장에는 항상 두려움과 마주하는 순간이 있고, 그것을 이겨낼 때 교사들은 비로소 새로운 세계에 발을 디딜 수 있다.

아이들의 성장 과정도 이런 중요한 순간들이 존재한다.

요즘은 맞벌이 가정이 늘어나면서 아이들이 보육기관 생활을 예전보다 더 이르게 시작하지만, 초등학교 입학은 여전히 아이와 부모 모두에게 특별한 의미를 지니는 중요한 전환점이 된다. 이 시기는 아이가 부모나 교사 중심의 관계에서 벗어나 또래와 관계를 맺으며 자신의 사회적 관계망을 확장해 가는 시기이며, 한글과 수를 배우며 본격적인 배움의 기초 도구들을 익히는 시기다. 또한 자아 인식이 점차 뚜렷해지고, 자신을 표현하는 능력이 발달하며, 다양한 성공과 실패의 경험을 통해 자신을 성장시켜 가는 중요한 발달기로 볼 수 있다.

그림책『모치모치 나무』에 나오는 주인공 마메타가 어두운 밤길을 혼자 걸으며 스스로 용기를 발견하는 과정은, 마치 1학년 아이들이 학교라는 낯선 세계로 들어와 작은 두려움을 하나하나 이겨내며 성장해 가는 모습을 떠올리게 한다. 초등학교 입학은 단지 학습의 시작이 아니라, 아이 스스로 자신의 세계를 넓히고 내면의 힘을 키워가는 첫 통과의례라 할 수 있다. 교실에서 친구와 관계를 맺고, 선생님과의 신뢰를 쌓으며, 혼자 발표하고, 실수하고, 다시 일어서는 경험은 모두 어린아이가 자립적인 존재로 서는 첫걸음이다. 이 시기의 아이들은 매일 조금씩 자신만의 '모치모치 나무'

에 불을 켜며, 두려움을 용기로 바꾸는 작은 성년식을 치러 나가고 있는 셈이다.

그림책 『모치모치 나무』는 주인공이 시련을 넘어 성장하는 전형적인 옛이야기 구조를 따르고 있다. 나무에 얽힌 전설이라는 모티브는 옛이야기 특유의 정서를 잘 느끼게 한다. 이야기 속 어두운 밤길과 나무는 상징적인 이미지로 등장해 신비로운 분위기를 만들고, 아이들의 상상력과 호기심을 자극한다. 마메타에게 모치모치 나무는 두려움과 기대가 함께 깃든 존재다. 언젠가 반드시 마주해야 할 존재이자, 아직은 가까이 다가가기 망설여지는 대상인 셈이다. 이는 아이들 마음속에 자리한 불안과 용기의 경계를 상징적으로 보여준다. 특히 아이들이 가장 좋아하는 장면 중 하나는 모치모치 나무에 불이 켜지는 순간이다. 이 장면은 아픈 할아버지를 위해 마메타가 처음으로 혼자 밤길을 걸으며 용기를 내는 순간과 연결된다. 그날 밤, 마메타는 두려움을 이겨내고 가족을 생각하는 마음으로 나아가며, 전설처럼 전해지던 나무의 빛을 직접 눈으로 확인한다. 환하게 빛나는 모치모치 나무는 곧 마메타 안에서 자라난 '용기의 빛'을 상징한다.

초등학교 입학 후 100일이 되면, 학교마다 '백일잔치'를 연다. 이는 100일 동안 학교생활에 잘 적응한 스스로를 축하하고, 그 과정에서 도움을 준 모든 이들에게 감사의 마음을 전하는 자리다. 동시에 아이들은 지난 100일을 돌아보며 자신이 어떻게 달라졌는지 점검한다.

"단추를 혼자 잠글 수 있어요."
"토마토를 먹을 수 있게 됐어요."
"친구에게 양보할 줄 알게 됐어요."
"한글을 읽고 써요."
"인사를 예쁘게 할 수 있어요."

아이들과 이야기를 나누다 보면, 이전에는 못했지만, 이제는 할 수 있게 된 아주 작은 변화들까지 줄줄이 쏟아져 나온다. 겉보기엔 사소해 보일지 몰라도, 이 작은 성취들은 아이들이 자기 한계를 넘어 새로운 세계를 넓혀가고 있다는 분명한 증거다. 그래서 아이들이 말하는 그 순간들이야말로, '자신이 성장했다.'는 가장 확실한 표식이 된다.

입학 초반의 긴장과 낯섦, 두려움을 지나 이제는 친구에게 먼저 인사를 건네고, 혼자 준비물을 챙기며, 낯선 활동에도 도전하는 아이들. 이들은 마치 그림책『모치모치 나무』의 주인공 마메타처럼 조금씩 어둠을 이겨내며 자기만의 용기를 키워가고 있다. 아이들 마음속에도 불이 켜진 모치모치 나무가 하나씩 자리하고 있음을 확인하게 된다.

아주 작고 작은 것의
시작

『샤를의 기적』, 알렉스 쿠소 글, 필리프-알리 튀랭 그림,
조정훈(옮긴이), 키즈엠

정현종의 유명한 시 「방문객」처럼, 교실에서 한 아이를
만난다는 것은 실로 놀라운 일이다. 교사로 살아가다 보면,
이렇게 놀라운 존재들을 매년 맞이하게 된다. 교실에서 만
나는 아이는 어제에서 시작해 오늘에 이른 존재이자, 오늘
로부터 시작되어 미래에 도달할 존재이기도 하다. 그래서
우리는 그 만남 앞에서 설렘을 느끼기도 하고, 알 수 없음에
두려움을 느끼기도 하며, 과거와 현재, 미래가 만들어 낸 진
화의 결과라는 사실에 묵직한 책임감을 느끼기도 한다.

교직 경력이 조금씩 쌓이면서 1학년 아이들과 공부할 기회가 많아졌다. 어떤 아이들인지 전혀 알 수 없는 상태에서 시작되는 입학식부터 긴장을 놓을 수 없는 순간의 연속이다. 최근에는 교실마다 다양한 어려움을 지닌 아이들이 늘어나고 있어, 1학년 담임은 그리 환영받는 업무가 아닌 경우도 많다. 그럼에도 1학년 교실은 '처음'이라는 설렘과 천방지축의 에너지, 생기발랄함이 어우러져 그 자체로 강렬한 생동감을 느끼게 한다.. 그 안에서 교사는 끊임없이 웃고, 부딪히고, 좌절하고 배우며 아이들과 함께 성장해 나간다. 쉽지 않은 일이기에, 더 매력적일 때도 있다. 아이들과의 만남은 언제나 새롭고도 경이로운 경험이기 때문이다.

알렉스 쿠소의 『샤를의 기적』은 크고 인상적인 판형의 그림책이다. 출간된 지는 오래되었지만, 여전히 저학년 아이들에게 꼭 들려주고 싶은 작품이다. 큰 판형에 다양하게 그려진 공룡들의 모습만으로도 아이들은 책 속 세계에 깊이 몰입하게 된다. 이 책은 시인의 감수성을 지닌 샤를이 학교에 입학하면서 겪는 정체성의 혼란과 내면의 갈등을 담고 있으며, 결국 자신만의 방식으로 성장해 가는 과정을 보여준다. 학교는 드래곤(용)에게 불을 뿜고 날기를 요구하지만, 시를 사랑하는 샤를은 그 기대와 자신 사이에서 갈등한다. 샤를의 모습에서는 처음 학교에 들어온 1학년 아이들의 모습을 찾아볼 수 있다. 1학년은 아이들의 성장 과정을 온몸으로 지켜보아야 하는 시기이다. 그래서 나는 1학년 아이들과 함께 이 책을 읽으며, 샤를처럼 자신을 어떻게 느끼는지, 무엇이 어렵고 또 무엇이 좋은지 자연스럽게 이야기 나누는 시간을 자주 가진다. 『샤를의 기적』은 단지 한 마리 용의 이야기가 아니라, 모든 아이들의 성장 이야기이기 때문이다.

샤를은 바람 한 점 불지 않는 골짜기, 짙은 안개 속 홀로 우뚝 솟은 바위산 위의 드래곤 둥지에서 태어난다. 엄마와 아빠의 따뜻한 품에 둘러싸여 있는 그 장면은, 아이가 세상에 태어나는 찬란한 순간을 상징한다. 아이는 부모의 보호 아래, 가장 독립적인 존재로서의 첫 발걸음을 내디딘다. 아이들은 자신의 탄생에 대해 어떻게 이해하고 있을까. 사실 아이들 모두는 자기만의 탄생 설화를 갖고 있다. 웅장하진 않지만 하나하나 소중하다.

"엄마 뱃속에서 발차기를 했대요."
"태어날 때 눈을 껌뻑거렸대요."
"아빠가 내 손을 제일 먼저 잡았대요."

이런 이야기들이 그 아이만의 탄생 서사이자, 정체성의 뿌리이다. 탄생 설화는 단지 출생의 기록이 아니라, 아이에게 "넌 소중한 존재야."라고 사랑과 존재의 의미를 전해주는 첫 번째 이야기이다. 그 이야기를 부모가 아이에게 전해주는 과정은 온전한 사랑과 돌봄의 순간이며, 그것이 반복되어 들려질수록 아이는 자신의 존재를 긍정하고 사랑할 수 있는 힘을 얻게 된다.

『샤를의 기적』을 읽고 "너는 어떻게 태어났니?"라고 물으면, 재미있게도 늘 "저는 엄마 뱃속에 있을 때 기억이 다 나요."라고 말하는 아이들을 만나곤 한다. 처음에는 단순히 아이들의 상상력이 참 대단하다고 생각했지만, 해를 거듭하며 그런 대답을 하는 아이들을 종종 만나면서 어쩌면 그 말 속에는, '나는 어디서 왔을까?'라는 스스로의 질문과 여전히 엄마와 연결되어 있다는 마음이 담겨 있는 것은 아닐까 하는 생각이 들었다. 이렇게 던져진 질문에 스스로 답을 찾아가는 과정은, 곧 아이가 자기 자신을 만나고, 세상 속에서 '나'를 발견해 가는 여정의 시작이라고 믿는다.

샤를은 학교에 입학하면서 친구들과 자신이 다르다는 것

을 깨닫고 정체성의 혼란을 겪게 된다. 흔히 우리는 이런 혼란을 청소년기 이후에나 겪는 감정이라고 생각하기 쉽지만, 사실 1학년 아이들 역시 '나만 이상한 것 같아.'라고 느끼는 순간이 분명히 존재한다. 어쩌면 그것은 유아기 동안 자신만의 세계에 머물렀던 아이가, 나와 타인의 경계를 인식하게 되는 순간일지도 모른다.

"옷에 자꾸 실수를 해서 교실에 들어갈 수가 없어."
"목소리가 꼭 할아버지 같아서 책 읽을 때 자신이 없어."

하지만 아이들이 겪는 절망의 순간은 단순한 상처가 아니라, 또 다른 가능성이 움트는 지점이기도 하다. 학교 입학은 단지 학습을 시작하는 시점이 아니라, 아이가 사회 속의 일원으로서 처음 관계 맺기를 배우는 중요한 시기다. 많은 나라들이 아이들이 7세 전후에 학교생활을 시작하게 하는 이유도, 이 시기에 아이들이 사회적 규칙을 이해하고 수용할 수 있는 인지적·정서적 발달 단계에 도달하기 때문이다. 사회적 규칙을 익힌다는 것은 단지 '규칙을 지키는 것'이 아니라, 나와 타인의 차이를 인식하고 수용할 수 있는 힘을 기르는 것이다. 이 힘은 '경계 인식'에서 출발한다. 아이들이 내가 있고, 네가 있으며, 서로 다르다는 사실을 받아들이게 되는 것이다.

샤를 역시 시를 좋아하는 부모의 사랑 속에서 자신만의 세계를 품고 성장한다. 그러나 학교에 들어서며, 그는 자신이 알지 못했던 사회적 기준과 도전에 직면하게 된다. 친구들이 배우는 '불 뿜기'와 '날기'처럼, 샤를은 학교생활에서 낯설고 힘든 일을 만난다. 하지만 이런 도전은 결국 새로운 발달의 국면으로 나아가는 디딤돌이 된다. 샤를이 자기만의 방식으로 그 과정을 겪고 받아들이듯, 아이들도 저마다의 속도로 '나'에서 '우리'로 나아가는 여정을 시작한다.

날 수 없어 좌절하던 샤를은 어느 날, 곁에 있던 아주 작은 파리의 말을 통해 용기를 얻고 마침내 날개를 펴고 하늘을 날게 된다. 이 장면을 읽던 1학년 아이들은 "파리는 도대체 어디 있다가 나온 거예요?", "언제부터 있었던 거예요?" 하고 궁금해한다. 사실 살아가다 보면 특별한 계기나 사건을 통해 어려움을 극복하기도 하지만, 오히려 늘 곁에 있었지만 무심히 지나쳤던 작고 평범한 존재나 말 한마디가 삶의 전환점이 되는 경우가 더 많다. 변화는 종종 예측할 수 없고, 아주 사소한 것에서 시작된다.

"혼자 교실에 들어오기 힘들었는데, 친구가 먼저 말 걸어 줘서 좋았어요."

"저는 제 목소리가 할아버지 목소리 같아 싫었는데, 선생님이 '괜찮아.'라고 말해줘서 용기가 생겼어요."

샤를처럼 날개를 펴고 날았을 때에 비로소, 그 우연처럼 스쳐 간 말과 스쳐 간 존재의 진짜 의미를 깨닫게 되는 것처럼 엄청난 사건이 아니라 작은 말 한마디, 눈빛, 친구의 손짓 같은 사소한 순간에서 시작되기도 한다. 샤를에게 파리가 그랬던 것처럼, 우리 아이들 곁에도 이미 작고 의미 있는 변화의 씨앗이 머물고 있는지도 모른다.

싸움,
나와 타인에 대한 이해

『친구랑 싸웠어!』, 시바타 아이코 글, 이토 히데로 그림,
이선아(옮긴이), 시공주니어

그림책을 읽어준 뒤에는 교실 앞 가장 잘 보이는 곳에
1~2주간 전시해 둔다. 수업이 일찍 끝나고 "남은 시간에 책
을 읽어보세요."라고 하면, 재미있는 책일 경우 아이들이 먼
저 보겠다고 달려와 "내가 먼저 잡았어!" 하며 다투는 일이
종종 생긴다. 1학년 교실에서 가장 흔한 다툼은 줄을 설 때
나 인기 있는 놀잇감을 두고 일어난다. 분명 번호대로 줄을
서기로 했지만 "내가 제일 앞에 설 거야!"라며 순서를 지키
지 않기도 하고, 장난감을 서로 잡아당기며 실랑이를 벌이
기도 한다. 아직 감정을 조절하는 능력이 충분히 자라지 않

왔기 때문에, 이러한 다툼은 자연스러운 발달의 일부다. 장난감 하나, 말 한마디, 작은 행동 하나로도 싸우는 모습은 어른들의 눈에 사소하고 하찮아 보일지 몰라도, 아이들에게는 그 싸움이 삶 그 자체이며 생생한 현실이다.

그림책 『친구랑 싸웠어!』는 친구와의 다툼 속에서 아이들의 감정이 어떻게 변화해 가는지를 섬세하게 그려낸다. 표지에는 얼굴이 벌겋게 달아오르고 화가 난 아이가 등장한다. 치켜세운 눈썹, 꽉 다문 입술, 바닥에 누운 자세만으로도 억울함과 속상함이 온몸에 가득 차 있는 감정 상태를 보여준다. 이 책은 주인공 다이가 단짝 친구 고타와 다투면서 겪는 감정의 변화를 중심으로 전개된다. 싸움의 원인보다 다툼을 겪는 동안 변화하는 마음의 과정을 따라가며, 아이들과 감정 낱말을 익히는 활동을 함께 해보기도 한다. 예를 들면, 싸움이 일어났을 때, 고타가 다이를 밀어서 다이가 넘어졌을 때, 다이가 엄마에게 매달려 울 때, 친구들이 다이를 데리러 왔을 때, 고타가 사과할 때, 다이가 빈 접시를 들고 놀이섬으로 다시 돌아갈 때 등. 이 장면들 속에서 아이들은 감정을 떠올리고, "억울했어요.", "슬펐어요.", "무서웠어요." 처럼 말로 표현해 본다. 감정은 하나가 아니라 여럿이 한꺼번에 찾아오기도 하고, 종종 '화났다.'는 말속에 여러 감정이

뒤섞여 있을 때도 있다. 감정에 이름을 붙이는 활동은 아이들이 자기 감정을 더 정확히 이해하고, 표현하는 힘을 키우는 데 도움이 된다.

하지만 감정을 표현하는 방식은 아이마다 다르다. 어떤 아이는 자신의 감정을 적극적으로 드러내는 반면, 어떤 아이는 "기억 안 나요."라며 상황을 회피하기도 한다. 평소에는 이것저것 이야기를 잘 나누지만, 막상 싸움의 과정을 되짚으며 이야기를 나누려고 하면, 울음을 터뜨려 다른 누군가가 개입해 상황을 정리해 주길 바라면서도, 그때의 감정을 말하기 어려워하거나 아예 말하기를 거부하기도 한다. '싸움을 하는 아이'라는 부정적인 이미지를 피하고 싶어 하는 마음일 수도 있고, 자신의 감정을 제대로 표현하지 못했던 부정적인 경험이 떠오르는 것이 싫어서일 수도 있다. 어쩌면 기억하지 않음으로써 자신을 보호하고 있는 것인지도 모른다. 그런 아이들의 마음을 짐작하기는 쉽지 않다. 교실에서 친구와 갈등이 생겼을 때 어떤 아이는 소리 내어 울기도 하고, 어떤 아이는 금세 화해하기도 하며, 어떤 아이는 조용히 자리를 피하기도 한다. 그 다양함 속에는 아이들의 성격과 기질, 그리고 경험의 흔적이 고스란히 담겨 있다.

그렇다면 아이들끼리의 싸움은 어떻게 마무리되어야 할

까? 대부분의 어른들이 기대하는 아이들 싸움의 끝은 '미안해.' '괜찮아.'라는 말로 깔끔하게 정리되는 모습이다. 하지만 정말 그 말로 마음이 풀릴까?

"싸웠을 때 마음이 어땠어?"

그렇게 묻자 아이들은 조심스럽지만 솔직하게 자신을 꺼내놓았다.

"싸우면 숨고 싶어요."

"계속 생각나요. 화난 것도, 미안한 것도."

"사과해도 마음이 아직 안 풀려요. 안 보는 게 나아요."

"사과했는데 친구가 안 받아줘요. 답답해요."

아이들의 마음에는 억울함, 두려움, 혼란이 얽혀 있을 수 있다. 간혹 '사과했는가.'에만 집중하느라 아이들의 감정 깊이를 놓치기 쉽다. 그러다 보니 때로는 진심이 담기지 않은 '미안해요.'를 아이들에게 배우게 하는 경우도 있다. 진짜 싸움의 끝은 서로의 마음을 들여다보고, 시간이 걸리더라도 관계를 다시 회복해 나가는 과정에 있다. 감정을 말로 다 표현하지 못하더라도 어른이 조급해하지 않고 기다려 주는 태도는 아이들에게 큰 힘이 된다. 그림책 『친구랑 싸웠어』는 화해보다 친구와 싸운 주인공 다이의 심리적 변화에 초점을 맞춰 이야기가 전개되고 있어, 좀 더 입체적으로 아이들의 싸움을 이해할 수 있게 한다.

특히 그림책의 마지막 장면은 인상적이다. 마음이 다 풀린 듯했던 다이는 "다음엔 꼭 이길 거야."라고 말한다. 아이들에게 "너희는 다이가 왜 이렇게 말했다고 생각하니?"라고 물으면, 아이들은 저마다 다른 대답을 내놓는다.

"이겨보고 싶어서요."
"진짜 화난 마음이 아직 조금 남아 있어서 그런 것 같아요."
"친구한테 지기 싫은 마음이 들어서요."
"그래도 친구랑 계속 놀고 싶다는 뜻 아닐까요?"

아이들의 이 다양한 반응은 그들 나름의 방식으로 갈등을 받아들이고 해석하고 있다는 걸 보여준다. 단순한 승부욕의 표현처럼 들릴 수 있지만, 이 말은 이 시기 아이들의 발달 특성을 잘 보여준다. 싸움이라는 경험을 통해 아이는 자신을 돌아보고, 차이를 받아들이며, 자기존중감을 키운다. '다음엔 꼭 이길 거야.'라는 말 속에는 상처를 딛고 다시 서려는 다이의 의지와 자신감이 담겨 있다.

그림책『친구랑 싸웠어!』는 아이들의 싸움을 어떻게 바라봐야 하는지 돌아보게 한다. 싸움은 단순히 나쁜 일이 아니라, 아이가 자신의 감정을 인식하고 표현하며, 타인과 관계 맺는 방식을 배워가는 소중한 기회다. 우리는 아이들의 말뿐 아니라, 그 말 뒤에 숨은 마음을 읽어야 한다. "싸워도 괜찮아.", "그 감정을 말해도 괜찮아." 이런 메시지를 건넬 수 있을 때, 아이들은 부정적인 감정도 자신의 일부로 받아들이고, 관계 속에서 건강하게 성장할 수 있다.

요즘 학교에서는 아이들 간의 갈등이 부모들 간의 싸움으로, 더 나아가 학교나 교사에 대한 민원으로까지 번지곤 한다. 이런 현실을 돌아보면, 아이들보다 어른들이 먼저 바뀌어야 할 점이 많다는 생각이 든다. 이 그림책의 글을 쓴 시바타 아이코는 일본의 '링고노키' 보육운동을 통해, 어른 중심의 '아이를 어떻게 키울 것인가.'라는 관점을 버리고, '아이는 어떻게 자라려고 하는가.'라는 아이 중심의 시각에 관심을 두고 있다. 우리는 아이가 스스로 상처를 치유하고 앞으로 나아가는 시간을 기다려 주기보다 상처받지 않는 아이로 키우려 한다. 그러나 이런 불가능한 기대가 오히려 아이를 영원히 자라지 못하게 붙잡고 있는 것은 아닌지 되돌아볼 필요가 있다. 어쩌면 지금의 어른들이야말로, 나와 타인을 더 깊이 이해하기 위해 진심으로 부딪치고, 진짜 '싸움'의 의미를 다시 배워야 할 때인지도 모른다.

내 안의 거인을
만나는 시간

『어마어마한 거인』, 라울 니에토 구리디 글 · 그림, 이숙진(옮긴이),
반달(킨더랜드)

1학년 아이들이 학교생활에 조금 익숙해지는 4월이 되면, 가장 가까운 친구들에 대해 알아보는 '친구의 날' 활동을 한다. 매일 하루씩 '오늘은 친구 00의 날'을 정하고 자기소개를 하거나, 서로의 좋은 점을 찾아보고, 평소에 궁금했던 것을 질문하는 시간도 갖는다. 1학년 아이들이다 보니 주로 좋아하는 색깔, 음식, 놀이 등 아주 간단한 것들을 묻는다.

"너네 집은 몇 층이야?"

"우리 집은 13층."

"와, 우리 집은 20층인데 우리 집이 더 높네!"

친구와 친해지기 위한 시간인데, 왜 아이들은 이런 식의 비교를 하며, 자기 집이 더 높다는 것에 기뻐할까? 이 시기의 아이들은 또래와의 관계 속에서 자신의 존재를 확인하고 싶어 한다. 숫자, 크기, 높이 같은 비교 가능한 요소는 자기 자랑이자, 관심받고 싶은 마음의 표현이다. '우리 집이 더 높다.'는 말속에는 단순한 사실 전달을 넘어 '나는 멋진 걸 가지고 있어.', '내 이야기를 들어줘.'라는 마음이 담겨 있다. 이러한 비교는 상대를 이기기 위해서라기보다 관계를 맺고자 하는 자연스러운 표현이며, 자신을 소개하고 싶은 방식일 수도 있다.

라울 니에토 구리디 작가의 『어마어마한 거인』은 풍부한 상상력과 독특한 타이포그래피가 돋보이는 그림책이다. 이 책은 거인의 '어마어마함'을 표현하기 위해 판형, 텍스트의 크기, 그림의 구성을 다양하게 활용하여, 독자들이 직관적으로 보고 느끼며 상상의 세계로 빠져들게 만든다. 책을 펼치면 아이들은 먼저 눈앞에 펼쳐진 엄청나게 큰 수를 읽기 위해 애쓴다. 숫자를 하나하나 읽어 내려가며 도전 의식을 느끼고, 그 안에 담긴 크기와 상징을 바탕으로 각자 자신만의 거인을 자유롭게 상상하게 된다. 구체적인 수량과 사물을 바탕으로 상상하는 활동은 초등 저학년 아이들의 인지 발달과도 밀접한 관련이 있다. 수와 크기에 대한 호기심, 과장된 이미지를 통해 이야기를 확장하는 능력은 이 시기의 발달적 특성으로, 『어마어마한 거인』은 이러한 특성을 자극하며 아이들의 상상력을 더욱 풍부하게 키워준다.

무엇보다 상상은 단순한 놀이를 넘어, 아이들에게 정서적·심리적 안정과 성장을 돕는 중요한 역할을 한다. 상상하는 과정 속에서 아이들은 자신이 경험하지 못한 세상을 탐험하고, 그 속에서 스스로 문제를 해결하거나 감정을 해소해 본다. 이는 현실에서 느끼는 두려움, 불안, 궁금함 같은 다양한 감정을 안전하게 표현하고 조절할 수 있는 기회를 제공한다. 상상은 아이들에게 '내가 주인공이 되는 공간'이자, 자기 자신을 탐색하고 이해하는 내면의 무대가 되어준다. 『어마어마한 거인』은 바로 그런 상상의 힘을 유쾌하고 창의적인 방식으로 끌어내며, 아이들이 자신의 내면세계를 확장하고 그 감정을 다정하게 마주할 수 있도록 이끈다. 거인의 크기를 끝없이 상상하는 과정은 단순한 수 개념을 넘어, 마음속 상상과 감정이 자유롭게 자라나는 놀이터가 된다.

"어마어마한 거인 책에서 뭐가 재미있었어?"라고 묻자, 한 아이는 "거인은 자기가 하고 싶은 걸 마음대로 할 수 있어서 좋을 것 같아요."라고 대답했다. "네가 거인이 된다면

뭐 하고 싶어?"라는 질문에 아이들은 "장난감이 많은 마트를 몇 개 모아오기", "내가 가고 싶은 데를 마음대로 가기" 등 다양한 상상을 펼쳤다. 그중에서도 "금요일 밤에 엄마가 자라고 해도 안 자고 버틸 수 있을 것 같아요."라고 말한 아이의 대답이 기억에 남는다. 책 속의 거인은 아이들에게 금기된 무언가를 넘는 '자유'를 상징하는 존재처럼 보였다.

금기를 넘어서며 아이들은 자신의 힘을 느끼게 된다. 그리고 이 '힘'은 상상 속에서만이 아니라, 실제 감정을 표현할 때도 드러난다.

최근 교실에서는 1학년에 입학했지만, 여전히 학교 규칙을 이해하거나 따르기 어려워하는 아이들을 자주 만나게 된다.

"이제 공부를 시작할 시간이야."

"어제 약속 기억나지? 줄을 서보자. 자기 자리가 아닌 친구가 있는 것 같아."

이런 간단한 규칙을 상기시키는 말에도 어떤 아이는 전혀 반응하지 않거나, 오히려 화가 난 듯 발을 쿵쿵 구르며 교실 뒤편으로 가서 몸을 부풀리고 말한다.

"더 놀고 싶은데!"

앉으라는 교사의 안내에도 아랑곳하지 않고 더 크게 몸을 움직이고, 목소리를 키우며 감정을 표현하려 한다. 어른의 눈에는 이러한 모습이 '떼쓰는 행동'처럼 보일 수 있지만, 실제로는 저학년 아이들의 발달 특성과 깊은 관련이 있다. 저학년 아이들은 아직 자신의 감정을 언어로 섬세하게 조절하거나 설명하는 능력이 충분히 발달하지 않았기 때문에, 몇몇은 감정이 격해지면 말 대신 몸짓이나 행동으로 표현하는 경향을 보이기도 한다. 화가 나거나 억울할 때 몸을 부풀리고 소리를 내며 무겁게 걷는 행동은 마치 거인이나 공룡처럼 자신을 '크게' 상상하는 놀이적 표현이라 볼 수 있다. 이런 '자신의 존재를 키우는' 상상은 아이가 스스로를 작고 무력하다고 느낄 때 자연스럽게 나오는 반응이며, "나도 중요해요.", "내가 느끼는 감정이 이만큼 커요."라는 메시지를 몸으로 외치는 방식이기도 하다. 1학년 아이들은 어른, 규칙, 집단 속에서 자신이 얼마나 작은 존재인지를 절실하게 느끼는 시기이기에, 그 감정에서 벗어나고자 상상 속의 거대한 존재로 자신을 확장하며 감정의 균형을 찾으려는 것이다.

결국 이런 행동은 단순한 반항이 아니라, 감정에 압도되었을 때, 아이가 선택할 수 있는 최선의 표현 방식이다. 따라서 어른은 '규칙' 이전에 그 감정의 크기와 맥락을 먼저 이해하고 수용하는 태도가 필요하기도 하다. 물론 현실은 그렇게 단순하지 않다. 어떤 때는 아이의 감정을 먼저 수용해 주는 것이 우선이지만, 또 어떤 때는 아이가 감정에만 머무르지 않고 스스로 조절하며 규칙을 배워 나가도록 돕는 균형 잡힌 지도가 필요하다. 결국 '수용'과 '경계 설정' 사이를 상황에 따라 유연하게 오갈 수 있어야 한다. 하지만 이런 역할을 교사 혼자 온전히 감당하기엔 벅찰 때가 많다. 교사의 지도에 일부 학부모가 민감하게 반응하며, 작은 제재에도 정서적 수용이 부족했다며 민원을 제기하기도 한다. 그럴 때면 교사는 아이의 발달을 고려한 적절한 지도를 하려 해도, 외부의 시선과 기대 사이에서 판단이 흔들리고 실행이 어려워지는 상황을 마주하게 된다. 학교에 다양한 어려움을 겪는 아이들이 예전보다 더 많이 늘어나고 있다. 그렇기 때문에 더 이상 교사의 역량만으로 해결할 수 있는 문제가 아니다. 학교와 가정, 사회 전체가 저학년 아이들의 발달 특성을 깊이 이해하고, 그에 맞는 교육적 접근을 공감하고 지지할 수 있을 때 비로소 아이도, 교사도 함께 안정적으로 성장할 수 있다. 교사와 학부모가 공감하며 협력해 아이의 성장을 돕는 학교를 상상해 본다.

내면의 실험실,
놀이

『내가 제일이다』 중 「귀뚜라미」, 현덕 글, 한병호 그림, 창비

첫 교직 생활을 바닷가 마을에서 시작했다. 학교 주변에 사는 아이들이 가장 많았지만 스쿨버스를 타고 통학을 하는 아이들도 있었다. 바닷가 어촌마을이라 아이들은 여름방학이 시작되면, 집 앞 바다에서 수영을 하거나 특별히 할 일이 없어 집에서 시간을 보낼 때가 많았다. 방학 동안 아이들끼리 만날 기회를 만들어 주고 싶었다. 그래서 마을마다 친구들끼리 함께 할 수 있는 일을 찾아 해보고, 개학 날 발표하기로 했다.

학교 주변에 사는 아이들은 운동장에 모여 개뼈다귀, 진

놀이, 술래잡기 등을 하며 놀았다고 했다. 자신들이 한 놀이를 체육시간에 소개하고 싶다고 했다. 아이들이 그저 함께 모여 있기만 해도 이렇게 다양한 놀이가 나올 수 있다는 사실이 놀라웠다. 귀농마을에 사는 아이들은 바닷가 캠핑을 선택했고, 교사인 나의 도움을 받아 그토록 원하던 친구들과 함께 바닷가에서 1박을 했다. 그리고 캠핑에 대한 소감을 발표했다. 드디어 학교에서 멀리 떨어져 사는 두 아이의 차례가 되었다. 누구의 도움도 없이, 과연 이 둘은 무엇을 했을까? 두 아이는 만나서 바람에 흔들리는 억새처럼 몸을 흔들고, 바다 위를 나는 갈매기를 따라 하며 마을 곳곳을 누볐다고 했다. 그 이야기를 듣다 보니, 마치 억새와 함께 흔들리고 갈매기와 함께 하늘을 나는 두 아이의 모습이 눈앞에 그려졌다. 그들의 눈에는 바람이 보이고, 귀에는 파도와 날갯짓 소리가 들렸을 것만 같았다. 심심할 법도 한 놀이를 한나절 동안 온 마을을 누비며 즐겼다니. 이 아이들을 통해, 놀이는 자연과 자신을 하나로 이어주는 경험이자, 사물을 바라보는 시선을 넓혀주는 통로가 될 수 있음을 새삼 깨달았다. '무엇이 되어보기 놀이'는 단순한 흉내를 넘어, 존재와 존재가 만나는 깊은 체험임을 일깨워 주었다.

현덕의 작품에는 이렇게 놀이에 몰두하는 아이들의 모습

이 자주 등장한다. 현덕의 『내가 제일이다』는 유년동화 중에서도 대여섯 살 아이들이 읽을 수 있는 이야기를 골라낸 책이다. 1학년 아이들과 그림책을 위주로 읽다가 글책으로 옮겨가며 읽기 독립을 위해 함께 읽는 책으로 이 단편집을 자주 꺼낸다. 이 단편집에는 아버지의 구두를 신고 한껏 뽐내며 걷는 아이, 바람을 따라 바람과 함께 노는 아이, "내가 제일이다!" 하며 축대를 뛰어내리는 아이들이 등장한다. 이들은 때로는 어떤 역할을 맡고 그 인물이 되어보며, 때로는 바람이나 사물과 친구가 되어 놀면서, 함께하는 놀이를 통해 자신의 한계를 뛰어넘기도 하고, 다른 이를 이해하며 성장해 나간다.

『내가 제일이다』를 읽으며 아이들과 이야기 속 인물이 되어 활동을 해본다. 이야기 속 인물이 되어 인물의 행동을 표현해 보면서 그 인물들의 마음을 떠올려 본다. 『내가 제일이다』 중 가장 인상 깊었던 작품은 「귀뚜라미」이다. 다른 작품들이 놀이로 존재감을 드러낸다면, 이 작품은 놀이로 세상의 한 부분임을 조용히 느끼는 아이들을 보여준다. 단편 「귀뚜라미」의 한 부분을 옮겨본다.

귀뚜라미가 웁니다. 응달 축대 밑에서 조용조용 혼자서 웁니다. 해 기울어 버드나무 그림자 길고 축대 앞에서 혼자서 노마가 가만히 귀를 기울이고 앉았습니다. 가만히 노마는 귀뚜라미 마음이 되어 봅니다. 노마는 점점 귀뚜라미를 닮아갑니다. 귀뚜라미는 점점 노마를 닮아갑니다.

「귀뚜라미」 속 아이의 모습은 고요하다. 고요한 가운데 귀뚤귀뚤 울리는 귀뚜라미 소리를 들으며 어느새 귀뚜라미가 되어가고, 자신 안의 내면을 만나는 과정을 그리고 있다. 귀뚤귀뚤 소리를 듣는 노마 옆에 영희가 오고, 그 옆에 또 똘똘이가 온다. 모두 어느새 귀뚜라미를 닮아가며 다 같이 입을 열어 귀뚜라미 소리를 낸다.

'무엇이 되어보기'는 이렇게 현실과 상상, 나와 타인을 이어주는 다리 역할을 한다. 이런 놀이의 힘은 시대와 환경이 달라져도 여전하다. 1학년 아이들이 즐겨하는 '소꿉놀이', '가라사대' 놀이를 보아도 그렇다. 아이들은 소꿉놀이에서 엄마, 아빠, 친구 등 다양한 역할을 맡아보며 상대방의 입장에서 생각하고 느껴본다. 가라사대 놀이에서는 "~을 하세요."라는 지시를 통해 놀이 이끔이의 생각과 감정을 상상하며 주고받는다. 아이들은 같은 명령어에 같은 동작을 하는 친구들을 보며, 놀이 속에서 친구들과의 합치감을 느낀다. 화려한 놀잇감과 새로운 놀이들이 쏟아지는데, 이런 놀이를 재밌어할지 걱정이 되기도 했다. 그러나 내 예상은 보기 좋게 빗나갔다. 놀이를 반복하며 아이들은 함께하는 법과 놀이 방법을 숙달해, 서로 다른 속도로 참여하던 친구들도 함께 즐길 수 있게 되었다. 스마트폰과 화려한 게임이 넘쳐나는 요즘에도 아이들이 이런 놀이에 몰입하는 것은 그 속에 몸과 마음을 동시에 움직이게 하는 원초적인 즐거움이 있기 때문이다.

놀이터 디자이너이자 연구가인 편해문 선생님의 강연이 떠올랐다. 놀이를 통해 아이들에게 '죽고 사는 경험'의 기회를 더 제공해야 한다는 말이 인상 깊게 남았다. 놀이 속에서 '죽는 경험'을 충분히 해본 아이들만이 현실에서 시련과 실패를 마주했을 때, 그것을 극복해 살아내는 힘을 가질 수 있다는 것이다. 요즘은 '7세 고시', '5세 고시'라는 말이 나올 만큼, 사회가 아이들에게 너무 이른 나이에 성취와 결과를 요구한다. 하지만 아직은 그들에게 더 많은 놀이가 필요하다. 그 속에서 마음껏 내면을 실험할 시간이 보장되어야 한다고 생각한다. 아이들이 자아의 존재감을 크게 확장해 드러낼 수 있는 기회도, 넓은 세상 속에서 작고 작은 존재로서 합치감을 느끼는 경험도 충분히 제공되어야 한다. 성취나 결과보다 훨씬 복잡하고 섬세한 내면의 실험을 자유롭게 해 나갈 수 있는 권리가 아이들에게는 있다.

가끔은 생각한다. 우리는 '친절해야 한다.', '세심해야 한다.', '안전해야 한다.'는 이유로 아이들에게서 무언가를 빼앗고 있는 건 아닐까. 교실에서, 운동장에서, 혹은 집 앞 골목에서 아이들이 만들어 가던 세계를 어른들의 기준으로 자꾸만 다듬고 덜어내고 있는 건 아닌지. 지금 학교에서 일어나는 수많은 학부모 민원과 학교 규칙들을 떠올려 본다. 과연 그 말들과 규정은 아이의 성장이 중심이 되어 있는가, 아니면 아이들을 바라보는 불안의 결과일 뿐인가. 어쩌면 지금, 아이들에게 직접 물어야 할 순간일지도 모른다.

무섭지만,
더 듣고 싶어

『꽁지 닷 발 주둥이 닷 발』 중 「여우누이」, 서정오 글, 김성민 그림, 보리

어릴 적 텔레비전에서 무서운 이야기가 나오면, 이불을 뒤집어쓴 채 눈만 내놓고 끝까지 보곤 했다. 무섭다면 안 보면 될 텐데, 왜 그토록 궁금했을까. 두려움과 호기심이 동시에 작동하는 마음, 그 복잡한 감정은 어린 시절 누구나 한 번쯤 경험해 보았을 것이다. 지금 내 곁의 아이들도 크게 다르지 않다. 교실 한구석에 불을 끄고 커튼을 친 뒤, 분위기를 한껏 내며 차례로 무서운 이야기를 나누는 모습을 종종 본다. 심지어 2학년이 되어서도 몇몇은 굳이 1학년 교실에 찾아와 자기들이 즐겼던 무서운 이야기를 들려주고 가기도 한

다. 아이들은 왜 이렇게 무서운 이야기를 즐기는 걸까? 단순히 등골이 서늘해지는 재미 때문만은 아닐 것이다. 최근 아동문학에서도 예전 같으면 다루지 않았을 공포물이 많이 등장하고, 아이들에게 인기를 얻는 것도 같은 맥락일 것이다.

아이들이 "무서운 이야기 해주세요." 그러면 옛이야기 「여우누이」를 아이들에게 들려준다. "그래, 무서운 이야기 해줄게."라는 말만으로도 아이들은 긴장하면서도 기대에 찬 눈빛을 보인다. 이야기가 무서울수록 아이들은 더 몰입하고, 평소 딴청을 피우던 아이마저 내 얼굴을 뚫어지게 바라본다. 교실은 숨을 죽인 듯 조용해진다. 이야기를 듣다가 궁금한 게 있으면 못 참는 아이가 손을 들었다.

"아이가 있는데 왜 또 딸을 원했을까요?"

"그냥… 더 갖고 싶었던 걸까요? 아들이 있는데도?"

아이들은 이미 가진 것이 있음에도 불구하고, 또 다른 것을 바라는 마음에 관심을 기울였다. 어쩌면 가진 것만으로는 충분하지 않다고 느끼는 이 마음이 바로 욕망의 시작일 것이고, 이 욕망이 이야기를 새로운 국면으로 이끌 것임을 짐작하는 듯했다. 아이들은 이 욕망이 현실을 있는 그대로 보지 못하게 하여 뜻하지 않은 재앙을 불러올 수도 있다고 생각하며, 앞으로 어떤 이야기가 펼쳐질지 상상하며 듣고 있었다. 아이들의 관심은 자연스럽게 다음 장면으로 이어졌다. 또 한 아이가 물었다.

"근데 왜 부모님은 막내아들 말을 안 믿었을까요? 막내아들이 다 봤는데?"

친구의 질문에 아이들도 각자 나름대로 생각한 것을 펼쳐놓기도 하고, 가끔은 논쟁을 벌이기도 한다.

"딸만 좋아해서, 여우라는 말을 듣기 싫었을 거예요."

"자기 딸을 무섭거나 나쁘다고 말하는 게 싫어서 그런 거 아닐까요?"

"무조건 말을 안 믿는 부모님이 나빠요."

막내아들의 말을 믿지 않고 집에서 쫓아낸 부모의 태도에 아이들은 민감하게 반응했다. 저학년 아이들은 세상을 착하다, 나쁘다처럼 흑백으로 보는 단순한 시각을 가지고 있을 수 있는데, 이때 '나쁘다.'라고 표현하는 것은 자신이 이해한 기준과 다르게 행동하는 어른을 구분하고 평가하는 발달적 특징을 보여준다. 아이들의 반응 속에는, 아이들이 전하는 말과 마음이 어른들의 생각대로만 재단되는 것에 대한 어렴풋한 불편함이 담겨 있었는지도 모른다.

이야기가 끝나갈 즈음, 또 다른 질문과 이야기가 이어졌다.

"막내아들은 용궁에서 결혼하면 행복하게 살 수 있었잖아요. 왜 굳이 돌아왔을까요?"

"가족이 그리워서요. 아무리 편해도 가족은 놓칠 수 없잖아요."

"여우누이가 무섭긴 해도 결국 동생이니까 보고 싶었을 거예요."

아이들은 무섭지만 그리운, 두렵지만 가족을 걱정하고 그리워하는 마음 등 복합적인 감정에 대해서 떠올린다. 이런 깨달음은 독서를 통해 아이들이 성장해 가는 모습 중 하나다. 이야기 속에서 만나는 인물의 마음을 따라가다 보면, 아이들은 자기 안에서도 두 가지 이상의 감정이 동시에 일어날 수 있다는 사실을 알게 된다. 그것은 곧 타인의 감정을 공감하는 힘이 되고, 관계 속에서 서로를 이해하려는 밑거름이 된다.

아이들이 가장 긴장하며 듣는 장면이 막내아들과 여우누이가 대결할 때다. 끝까지 막내아들을 잡기 위해 쫓아오는 여우누이, 여우누이를 향해 막내아들은 용왕에게서 받아 온 흰 병, 파란 병, 노란 병을 던지며 도망친다. 그러나 여우누이는 끈질기게 뒤쫓아 온다. 결국 막내아들이 마지막으로 빨간 병을 던지자 불바다가 펼쳐지고, 그 속에서 여우누이는 타 사라지고 만다. 아이들이 가장 좋아했던 장면은 '여우누이가 사라지고, 막내아들이 끝내 살아남는 순간'이었다. 왜 아이들은 이 장면에 가장 큰 만족을 느꼈을까? 이야기 속 긴장과 두려움은 아이들의 마음을 압도하지만, 마지막에 주인공이 살아남는 결말을 통해 안도와 해소를 경험한다. 이는 두려움을 견디고 나서 찾아오는 '심리적 카타르시스'와도 같다. 그래서 아이들은 겁을 내면서도, 동시에 무서운 이야기에 마음이 끌리는 것일지도 모른다. 아이들에게 무서운 이야기는 단순한 공포의 체험이 아니라, 두려움을 안전한 공간에서 경험하고 이겨내는 하나의 놀이와도 같다. 교실이라는 안전한 환경 속에서 무서운 이야기를 듣는 순간, 아이들은 실제로는 위협받지 않으면서도 가슴 뛰는 긴장감을 맛볼 수 있다. 무섭지만 끝까지 듣고 싶어 하는 이유는, 바로 그 두려움을 끝내 '극복할 수 있다.'는 희망을 확인하고 싶기 때문이다. 결국 무서운 이야기를 반복해서 듣고 싶어 하는 마음은, 두려움 속에서도 다시 용기를 얻고 싶은 아이들 나름의 성장 방식이다. 그런 면에서 여우누이 이야기는, 아이들이 두려움을 경험하고 그것을 극복할 수 있다는 믿음을 조금씩 깨닫게 해주는 듯하다.

예민함을 품는
교실

『나도 예민할 거야』 중 「예민은 힘들어」, 유은실 글, 김유대 그림, 사계절

일주일에 한 번 정도는 아이들과 학교 안팎의 나무나 풀을 보며 걷는 산책 시간을 갖는다. 학교 숲을 꾸준히 산책하다 보면, 그곳은 자연으로부터 배우는 소중한 공간이 된다. 학교 뒷길로 산책을 나가면 작은 연못이 있다. 크지 않은 연못에는 물고기 몇 마리, 연잎, 수초가 떠 있다. 연못 풍경은 해마다 비슷하지만, 그 풍경을 바라보는 아이들의 반응은 해마다 다르다.

어느 해 아이들은 연못 앞에 한참 서 있었다. 물고기에게 이름을 붙이고 말을 걸기도 한다.

"빨강이야, 무지개 물고기야. 잘 지내니?"

연못에 가면 이런 말을 주고받는 아이들이 많았다. 그해 교실은 누가 말하지 않아도 서로를 살피고 배려하는 분위기가 자연스럽게 형성되었다.

하지만 다음 해, 같은 연못을 찾았을 때는 전혀 다른 장면이 펼쳐졌다.

"여기를 보세요!"라는 나의 말은 들리지 않았고, 아이들은 풀숲으로 달려갔다.

"여기 개미 있어요!"

"잠자리 잡았어요!"

눈에 보이고 움직이고 소리 나는 것에 반응하는 활달한 아이들. 말도 많았지만 자기 흥미에 진심이었고, 집중할 때는 누구보다 몰입했다. 똑같은 장소, 똑같은 활동도 누구와 함께하느냐에 따라 전혀 다른 이야기가 만들어진다.

이처럼 같은 자연환경 속에서도 아이들은 각자 다르게 반응하고, 느끼고, 경험한다. 누군가는 조용히 관찰하며 마음을 다잡고, 또 누군가는 호기심 가득한 몸짓으로 적극적으로 탐색한다. 교실에는 자기만의 색깔을 가진 아이들이 매년 이렇게 찾아온다.

『나도 예민할 거야』는 유은실 작가가 쓴 7세에서 초등학교 1학년 정도의 어린이가 읽기 좋은 따뜻하고 섬세한 동화이다. 이 책은 주인공 정이가 예민한 오빠 혁이를 이해해 가는 과정을 통해, 아이들이 일상에서 느끼지만 쉽게 표현하지 못하는 감정을 자연스럽게 들여다보게 한다. 아이들이 글책을 스스로 읽기 시작할 즈음 권하면 좋은 책이다. 정이가 겪는 일상의 경험과 마음의 변화에 관해 이야기 나눌 수 있고, 인물에 대한 탐색도 가능하다. 또한 유은실 작가 특유의 유머가 담겨 있어 아이들이 글책에 흥미를 붙이는 데 도움이 되는 작품이다.

『나도 예민할 거야』의 첫 번째 이야기 「예민은 힘들어」는 정이와 소리와 촉감, 낯선 상황에 민감하게 반응하는 정이의 오빠 혁이의 이야기다. 정이는 아무거나 잘 먹고, 화장실도 잘 가며, 어디서든 푹 잘 자는 건강한 아이다. 그런데 편식이 심하고 깊이 잠들지 못하는 혁이가 엄마의 각별한 관심을 받는 것 같아, 순한 정이도 괜히 신경이 곤두선다. 결국 정이는 자신도 오빠처럼 예민해지기로 결심하지만, 건강하고 튼튼한 정이에게 예민한 척하는 일은 생각만큼 쉽지 않다.

어느 날, 엄마는 예민한 혁이가 편히 잘 수 있도록 침대를 사줄까 고민한다. 오빠만 사주면 정이가 서운해하지 않을까 걱정하는 아빠에게 엄마는 "괜찮아, 정이는 아무 데서나 잘 자. 어제도 굴러다니며 팔다리를 휘저어 식구들을 때리면서 잘 잤어."라고 말한다. 그 말을 들은 정이는 서운하고 속상하다. 결국 오빠만 침대를 받는 줄 알고 눈물을 터뜨린 정이를 보고, 아빠는 정이에게도 침대를 사주기로 한다. 이 이야기를 통해 독자는 오빠 혁이와 정이가 겪는 서로 다른 어려움, 즉 '예민한 아이'와 '순한 아이'가 안고 있는 각자의 고민을 함께 이해할 수 있다.

아이들마다 태어나면서 각각 갖는 기질이 있다. 교실에서도 유난히 까다로운 아이들을 만나기도 한다. 어떤 아이들은 내가 안내하는 대로 배움을 만들어 가지만, 어떤 아이들은 그렇지 않다. 어쩌면 그런 점에서 보면 아이들은 자신이 가진 기질대로 세상을 경험하고 배움을 만들어 가고 있다. 예를 들어, 활발하고 예민한 한 아이는 작은 소리에도 민감하게 반응하며 쉽게 긴장하지만, 자신의 감정을 잘 표현하지 못해 혼자 어려움을 겪기도 한다. 반면 차분하고 순한 다른 아이는 말수가 적고 눈에 띄지 않지만, 속으로는 크고 작은 고민을 품고 있을 수 있다. 교실에서 교사는 이런 아이들의 서로 다른 특성에 민감하게 반응하며 각기 다른 배려와 지도를 해야 하지만, 사실 예민한 아이에게 더 귀를 기울이고 반응하는 경우가 많다. 그래서 문득, 어쩌면 우리 교실에도 정이처럼 속으로 서운함을 느끼는 아이가 있지는 않을까 스스로 돌아보게 된다.

교실에서 아이들과 이 책을 함께 읽은 후, "나는 예민한 아이일까, 순한 아이일까?"라는 질문을 던졌다. 아이들의 대답은 저마다 달랐다. 한 아이는 "형은 잘 때 뱅글뱅글 돌면서 자고, 나는 예민해서 형이 움직일 때마다 잠을 설쳐요."라고 말했다. 또 다른 아이는 "엄마가 저한테 순하다고, 친구가 놀릴 때 왜 가만있냐고 하세요. 그런데 저는 화를 잘 못 내요. 동생한테도요."라고 했다. 또 어떤 아이는 "저는 밤에 잠을 잘 못 자요. 그래서 엄마한테 계속 책을 읽어달라고 졸라요. 엄마는 자꾸 조르는 제가 귀찮다고 해요."라고 말했다. 아이들은 가족과 나 사이의 차이를 스스로 인식하고 있었고, 자신이 느끼는 감정을 자신의 언어로 조심스럽게 표현해 냈다. 주로 가족 안에서 자신이 어떤지를 이야기하다가 학급 친구에 대한 이야기가 나왔다. "○○이는 공부할 때는 순한데 놀 때는 화를 잘 내요. 예민한 것 같아요."라는 말을 들은 ○○이가 잠시 당황하자, 말한 아이도 그 친구의 감정을 살피며 조심스러워하는 눈치였다. 나는 순간, 이런 대화가 서로에 대한 비난으로 흐르지 않을까 걱정되었다. 그런데 바로 이어서 한 아이가 "저도 놀이할 때 이기고 싶어서 예민해져요."라고 말하며 분위기를 바꾸었다. 그 말을 계기로 아이들과 "그래, 누구나 늘 순하기만 한 것도 아니고, 늘 예민하기만 한 것도 아니지."라며 이야기를 정리할 수 있었다. 이렇게 서로의 기질과 감정을 솔직하게 나누고, 또 그것을 비교하며 공통점을 발견하는 과정은 아이들에게 자신을 더 잘 이해하고 친구의 마음을 헤아려 보는 소중한 배움의 순간이 되었다.

이 짧은 대화 속에서도 아이들이 겪는 생활 속 민감함과 순응, 그리고 타고난 기질의 차이를 엿볼 수 있었다. 교실에는 책 속 정이처럼 순한 아이, 혁이처럼 예민한 아이가 모두 존재한다. 또 한 아이의 마음속에도 서로 다른 감정들이 함께 자리 잡고 있다. 1년 동안 학교 숲을 산책하는 같은 활동도 매해 어떤 아이들이 함께하느냐에 따라 분위기와 빛깔이 조금씩 달라지는 것도 그런 이유가 아닐까. 다양한 기질을 지닌 아이들이 모인 교실에서 교사도, 아이들도 함께 경험을 쌓으며 서로를 탐색하고 이해해 간다. 그 과정에서 중요한 것은 서로를 탐색하되 성급히 판단하지 않고, 있는 그대로 바라보는 일일 것이다. 그렇게 함께 겪고, 또 각자의 생각

을 꾸준히 나누다 보면, 결국 각자 가진 예민함을 품어낼 수
있는 안전한 교실에 가까워지지 않을까 한다.

시련을
허하라

『금강산 호랑이』, 권정생 글, 정승각 그림, 길벗어린이

1학년 학생들에게 새로운 선생님과 친구들을 만나는 일은 설레는 경험이지만, 낯선 환경에 적응하는 일은 쉽지 않다. 입학 초기의 1학년 교실은 뭐든 신기해하는 아이부터 두렵고 걱정스러운 아이까지, 가장 다양한 감정이 뒤섞인 공간이다. 그래서 나는 이 시기에 아이들이 학교생활에 익숙해지고 편안함을 느낄 수 있도록 일정한 생활 리듬을 만드는 데 힘쓴다. 그중 하나가 이야기 들려주기다. 특별한 일이 없다면 매일 한 번은 재미있는 이야기나 그림책을 들려준다. 시작은 그림책보다 옛이야기로 한다. 옛이야기는 오랜

세월 말로 전해지며 서사가 다듬어져 구조가 명료하고 간결해, 저학년 아이들도 쉽게 이해할 수 있다. 게다가 아이들의 상황에 맞추어 어휘나 표현을 조금씩 조절하며 이야기를 들려줄 수 있기 때문에, 아이들이 이야기를 더 가깝게 느낄 수 있다. 이야기를 들려주는 시간은 교사와 학생이 눈을 맞추는 시간이기도 하다. 나는 그 순간 아이들이 이야기에 얼마나 집중하는지, 다른 사람의 이야기를 경청할 수 있는지, 또 적절한 언어적·비언어적 반응을 보이는지를 살핀다. 입학 초기에는 이런 관찰이 특히 중요하다. 그래서 처음에는 말재미가 살아 있는 옛이야기를 많이 고른다. 한번 크게 웃고 나면, 나와 아이들 사이의 관계뿐 아니라 아이들끼리의 관계도 한결 부드러워지는 것을 느낀다.

그렇지만 시간이 지나면 조금 다른 이야기를 꺼내게 된다. 바로 시련이 담긴 서사다. 이런 이야기는 아이들의 하루와 닮아 있다는 점에서 특별하다. 그 속의 어려움과 극복의 과정이 아이들이 겪는 경험과 맞닿아 있기 때문이다. 어쩌면 그 또래 아이들에게 무슨 시련이 있겠느냐고 생각할 수도 있다. 하지만 오히려 이 시기는, 세상과 나 사이의 모든 만남이 작은 시련이 될 수 있는 때다. 공부할 때도, 놀 때도,

관계 속에서도 아이들은 매일 수많은 '처음'과 '도전'을 만난다. 가위바위보에서 졌을 때 세상이 다 무너진 듯 속상해하는 아이들도 있다. 결과를 받아들이지 못해 마음속에서 소용돌이치는 감정을 온몸으로 표현하기도 한다. 어른 눈에는 단순한 놀이일지 몰라도, 그 순간만큼은 그 아이에게 가장 깊고 큰 시련이다. 이런 마음속 시련을 겪으며 아이들이 어떻게 성장해 나가는지는 교실에서 늘 고민하게 되는 지점이다. 그래서 아이들이 마주하는 작은 시련을 조금 더 깊이 바라보게 해주는 이야기를 들려주고 싶다. 현실에서는 가위바위보 한 번 지는 일도 큰 시련이지만, 이야기 속에서는 훨씬 더 크고 무거운 시련이 등장한다. 그 속에서 인물들이 어떻게 버티고, 이겨내고, 변해가는지를 함께 들여다보면, 아이들도 자기 마음속 시련을 다른 눈으로 바라보게 되기를 바라는 마음으로 이야기를 읽어준다.

그런 의미에서 나는 『금강산 호랑이』 이야기를 아이들과 나누곤 한다. 이야기 속 유복이는 아버지 없이 자란 아이다. 이름난 사냥꾼이었던 아버지는 사람들을 해치는 호랑이를 없애기 위해 금강산으로 떠났다가 돌아오지 못했다. '애비 없는 자식'이라 놀림받던 유복이는 아버지의 원수를 갚기 위해 금강산으로 가겠다고 마음먹는다. 자식마저 잃을 수 없는 어머니는 만류하지만, 유복이는 뜻을 굽히지 않는다. 결국 어머니는 유복이를 떠나보낼 수밖에 없게 된다. 떠나기 전, 어머니는 10년간 단련한 유복이가 과연 준비가 되었는지 시험한다. 유복이는 멀리서 활을 쏴 물동이에 구멍을 뚫고, 다시 진흙 화살로 정확히 막아낸다. 날카로운 대밭 위를 구르면서도 상처 하나 입지 않았고, 몸보다 큰 바위를 번쩍 들어 올린다. 이 비현실적인 장면에 아이들은 "선생님, 사람이 어떻게 그럴 수 있어요?"라며 믿기 어렵다는 표정을 짓는다. 그러면서도 이상하게, 이 장면을 이야기 속에서 가장 인상 깊은 순간으로 꼽는다. 힘없이 놀림받던 유복이가, 보통 사람은 감히 넘어서지 못할 어려운 과제를 해내는 모습을 보며 아이들은 묘한 힘을 느낀다. 마치 유복이의 힘이 자신 안에도 스며든 듯, 마음 한편이 단단해지는 경험을 한다. "저도 축구 시합에서 골을 넣으려고 끝까지 달린 적 있어요.", "발표가 무서웠는데 연습해서 결국 해냈어요." 하고 말하는 아이들의 눈빛에는 자신이 해낸 순간에 대한 자부심이 빛난다. 이는 곧 자신의 효능감과 존재 가치를 확인하는 과정이기도 하다.

『금강산 호랑이』 이야기 속 인물 중 아이들이 가장 궁금해하는 존재는 유복이가 산에서 만난 할머니다. 유복이가 집을 떠나 낯선 공간에서 할머니를 처음 만났을 때, 아이들은 할머니가 유복이를 위험에 빠뜨릴 것처럼 생각한다. 그러나 할머니는 유복이의 어머니처럼 여러 가지 시련과 과제를 주어, 유복이가 더 강해질 수 있도록 돕는다. "할머니는 왜 유복이를 도와줬을까?"라는 질문에 많은 아이들이 "어머니가 유복이를 사랑해서 할머니에게 부탁한 거예요."라고 대답했다. 그렇다면 유복이의 어머니는 위험한 곳임을 알면서도 왜 유복이를 보냈을까? 1학년 아이들은 대부분 "유복이가 너무 가고 싶어 해서 못 말렸어요."라고 답했다. 아이들의 이런 대답을 들으며, 요즘 가정에서는 아이들의 의견이 점점 더 존중받고, 아이들의 목소리가 중요한 역할을 하게 되는 경우가 많다는 생각이 들었다. 하지만 또 다른 시각에서 이 문제를 바라보고 싶었다. 그래서 물었다. "그렇다면 엄마는 정말 '어쩔 수 없이' 유복이를 보낸 걸까? 혹시 유복이에게 어떤 기대가 있었던 건 아닐까?"

　　"엄마가 유복이가 혼자서도 잘할 수 있는지 보고 싶어서."
　　"무서운 걸 해보면 나중에 안 무서워지니까."

"엄마가 사랑해서 더 강하게 만들려고."

"엄마가 곁에 없을 때도 혼자 잘 살 수 있어야 하니까."

"엄마는 유복이를 믿어서 보낸 거야."

아이들 대답에서 '시련을 허락한 유복이 어머니의 마음'은 '버리는 마음'이 아니라 '믿는 마음'임을 느낄 수 있었다. 아이들 눈에는 유복이 어머니가 '험한 곳에 혼자 두는 차가운 사람'이 아니라 '멀리서도 지켜보고 믿어주는 사람'이었다. 아이들이 어릴 때, 높은 미끄럼틀 아래에서 아이가 무사히 내려오기를 조마조마하게 기다리던 순간이나 어린이집과 초등학교 첫날을 지켜보던 순간 속에, 부모로서 우리의 모습이 담겨 있다.

부모 사랑의 한 모습은 아이에게 시련을 허락하여, 그것이 성장의 밑거름이 되는 도전을 하게 하는 것이다. 부모와 연대하며 스스로 세상을 살아갈 힘을 키워가는 과정이기도 하다. 이런 경험이 쌓이면 아이는 점점 자신의 존재와 가능성을 믿고, 어려움 앞에서도 스스로 마음을 다잡는 법을 배운다. 아이가 자신이 겪는 도전과 성장의 순간을 이해하고 받아들이는 힘은 결국 스스로의 삶을 살아가는 밑거름이 된다. 교실에서 아이들을 만날 때도 마찬가지다. 모든 것을 대신해 주기보다 스스로 할 기회를 가진 아이가 더 많은 성장을 이루는 모습을 종종 보게 된다. 작은 경험과 시련을 직접 겪고 이겨낸 기억은 훗날 맞닥뜨릴 더 큰 어려움을 견뎌낼 힘이 되어준다. 어쩌면 지금은 어른들이 아이들로부터 빼앗아 온, 아이마다 각기 다른 삶의 과제인 시련을 겪을 기회와 시간을 다시 돌려주어야 할 때인 듯하다.

2부. 책으로 마음을 보다

김지혜

초등학교 교실에서 교사는 아이들의 성장을 가장 가까이서 지켜보는 사람들이다. 한 권의 작품을 아이들과 함께 읽어가는 과정은 그들 각자의 삶을 깊이 이해하고 존중하고자 하는 나의 교육 철학이자 실천 방식이다. 우리는 책 속 이야기에 삶을 비추어 보며 서로를 알아가고, 또 자기 자신을 발견하는 시간을 갖는다.

아이들은 함께 읽는 과정을 통해 책을 더욱 깊이 이해하고 자신의 삶을 들여다보는 귀한 기회를 얻는다. 신기하게도, 책 읽기를 다소 어려워하거나 흥미를 느끼지 못했던 아이들조차도 선생님이 읽어주는 작품 앞에서는 눈빛을 반짝인다. 읽어주는 이의 따뜻한 눈빛, 살아 있는 억양, 섬세한 몸짓 하나하나에 아이들은 책 속 세상에 온전히 빠져든다. 동시에 함께 듣고 있는 친구들의 몰입하는 반응이 하나로 모여, 교실 속 모두의 삶을 성찰하는 새로운 작품으로 완성되는 경이로운 순간을 경험한다.

책 읽어주기를 처음 시작하게 된 것은 다름 아닌 교실의 현실 때문이었다. 당시 열악한 학군의 학교에서 교과서를 이해하는 데 어려움을 겪는 아이들을 만나면서 마음이 쓰였다. 그 아이들이 읽기 능력을 넘어 세상을 이해하고, 자신의 삶을 주도적으로 성장시킬 수 있도록 돕고 싶었다. 그렇게 시작된 책 읽어주기 수업은 단순한 문해력 향상이라는 목표를 넘어섰다. 아이들은 책을 통해 서로의 마음을 열고 깊이 소통하기 시작했으며, 이는 학급의 고유한 문화를 만들고 친구들과의 소중한 '기억 공동체'를 만드는 일이었다.

아이들의 삶과 긴밀하게 연결되는 교육과정을 재구성하면서, 문학 작품은 우리 교실로 더욱 쉽고 자연스럽게 들어

왔다. 한 작품에서 시작된 수업은 마치 살아 있는 유기체처럼 가지를 뻗어나가기도 하고, 어떤 때는 프로젝트 수업 내내 책 속의 캐릭터가 우리 교실의 한 구성원처럼 생생하게 살아 숨쉬기도 했다.

그렇게 우리 반에는 '꽃순이, 차마니, 창수, 완두, 영재, 라면 한 줄' 등 수많은 문학 속 인물들이 함께 살아왔다. 아이들은 다양한 인물의 시선을 통해 '아, 이렇게도 생각할 수 있구나!' 하고 이해의 폭을 넓혔다. 주인공이 위기에 처하면 다같이 마음을 모아 응원했고, 슬픈 이야기에 함께 눈물 흘리며 공감했다. 주인공의 기쁨에는 마치 자기 일인 것처럼 손뼉 치며 환호하기도 했다. 그림책, 동화, 동시, 희곡에서 만난 인물들의 이야기가 불확실한 미래를 살아갈 어린이들에게 단단한 내면의 힘이 되어주기를 희망하며, 나는 오늘도 학생들의 삶이 깊이 녹아나는 국어 수업을 설계한다.

이 책에 실린 글은 수업 시간에 아이들과 함께 책을 읽고 나눈 교실 속 이야기들이다. 우리는 책을 읽으며 삶의 희로애락을 나누고 공유했고, 힘들 때는 서로의 손을 잡아주며 든든한 버팀목이 되어주었다. 이 험한 세상을 살아갈 때

든든하게 버틸 수 있는 내면의 힘을 길러주기 위한, 그 소중한 순간들을 기록한 것이다. 부디 이 책을 통해 각자의 교실에서 또 다른 모습으로 아이들의 마음과 만나기를 진심으로 바란다.

나는
나답게

『오늘도 수줍은 차마니』 중 「오늘도 수줍은 차마니」, 강인송 글,
김정은 그림, 문학과지성사

함께 읽을 책의 내용을 유추하는 시 퀴즈로 수업을 시작
하는 경우가 종종 있다. 이 시의 제목이 무엇일까? 시를 다
읽고 나서 각자의 경험을 공유하는 시간에 많은 아이들이
이야기하고 싶어 손을 들었다.

"저는 선생님이 되고 싶은데, 엄마 아빠께서는 법조인이
되라고 하세요. 아이들을 조용히 시키는 게 어렵다며, 힘들
다고 하지 말래요."

"저는 수영을 좋아해서 수영 선수가 되고 싶은데, 엄마는

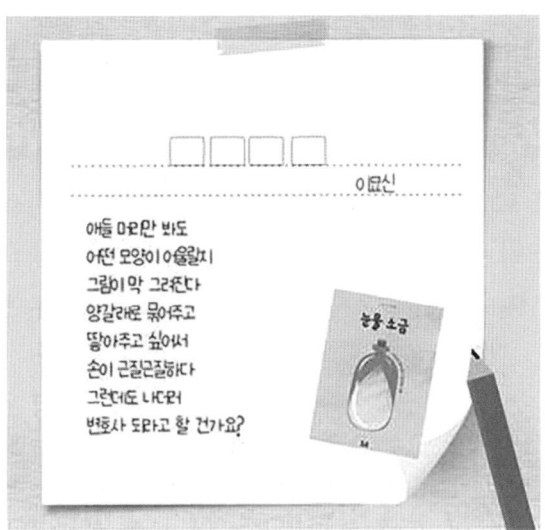

애들 이온만 봐도
어떤 모양이 나올지
그림이 막 그려진다
알갈래로 묶어주고
땋아주고 싶어서
손이 근질근질하다
그런데도 나더러
변호사 되라고 할 건가요?

의사 하라세요."

"저는 농구 좋아하는데 할머니가 '키 작고 그러니까 하지 말라.'고 하셨어요."

"저는 게임 관련 유튜브를 찍어 올리고 싶은데, 엄마는 '좀 평범한 회사원'이 되라고 하세요."

누군가 자신의 꿈을 반대하는 상황이었다. 속상해하는 아이들의 입장에 적극적으로 공감해 주었다. 서로 마음을 주고받았으니, 오늘 책도 잘 읽을 수 있을 것 같았다. 아, 이

시의 제목은「장래 희망」이다.

시 퀴즈로 책의 주제에 대한 힌트를 얻었다면, 그다음은 표지를 보고 책 속 사건을 예측해 보는 차례다. 아이들이 책 속으로 바로 뛰어들지 않도록 호기심을 계속 자극하는 수업 구성은 집중력을 유지하는 데 도움이 된다. 예를 들어, 『오늘도 수줍은 차마니』라는 제목에서 '수줍은'이라는 수식어를 깊이 살펴보라고 했다. 아이들의 상상은 자연스럽게 '수줍은 성격 때문에 운동부에 못 들어가는 이야기'로 향했다. 속표지 그림에는 코치로 보이는 어른과 유니폼을 입은 운동부원들이 있어, 축구와 관련된 이야기일 거라는 예측도 나왔다. '축구할 때 부끄러워서 잘 못하는 이야기', '예비 선수였지만 나중엔 잘하게 되는 이야기'처럼 활발한 예측이 이어졌다.

"주인공 이름이 차마니예요. 남자아일까요, 여자아이일까요?" 이 질문에도 여성이라 예상한 아이들이 훨씬 많았다. 이마저도 작가의 의도처럼 느껴졌는데, 이 동화의 매력은 바로 그런 모든 예측이 빗나가는 예상 밖의 전개에 있다.

마니는 6학년 남자아이로, 2.1kg의 미숙아로 태어났다. 그렇지만 마니 부모님은 어릴 적부터 꾸준히 운동을 시켰고, 지금은 전교에서 두 번째로 큰 체격을 자랑한다. 어린 시절부터 수영을 해 어깨도 탄탄하다. 하지만 마니가 가장 좋아하는 건 조용한 곳에서 혼자 책 읽는 일이다. 점심시간에 다른 아이들이 모두 피구하러 나갈 때도 오히려『빌리 엘리어트』책을 펼치는 모습, 읽던 책 사이에 마른 나뭇잎을 끼워 두는 섬세함. 이런 모습들은 마니의 진짜 모습이었다. 튼튼한 체격 때문에 싸움을 잘할 거라고 오해받지만, 사실 그는 혼자 책 읽는 걸 좋아하고, 싸움이나 단체 운동을 싫어하는 평화주의자였다. 독자들은 그런 마니의 모습에 "어! 어! 어! 이게 아닌데!" 하며 혼란을 느끼게 된다.

나는 누구와도 싸우고 싶지 않다. 복수해 줄 마음도 없다. 그런 나에게 럭비라니, 서로 몸을 부딪치고 큰 소리를 내고, 정신없이 뛰어다니는 운동을 하고 싶지 않다. 싸우는 게 싫어서, 누구를 다치게 하는 게 싫어서 축구나 피구도 잘 안 하는 나란 말이다.

- P43

이처럼 운동 재능이 아무리 있어도, 억지로 운동을 강요하는 건 마니에게 또 다른 부담이 될 수 있다. 아이들은 자신이 갖지 못한 재능을 가진 마니를 부러워하면서도, 결국 엄마나 코치의 설득으로 럭비를 하게 될 거라는 욕심 섞인 뒷이야기를 만들어 냈다. "저러다 또 바뀔 거야.", "저런 조건이면 럭비 해야지."라는 의견이 많았다. 조용히 책을 읽는 마니가 마치 재능을 낭비하는 듯 보여서, '조용한 평화주의자'보다 '멋지게 활동하는 선수'로 마니를 보고 싶어 하는 반응이었다.

하지만 타고난 성향은 분명 존재한다. 마니는 몸을 부딪치는 운동을 원하지 않는다. '남자는 독서보다 운동을 좋아해야 할까?'라는 또 다른 질문으로 연결이 되었다. 작품은 성 고정관념에 대한 이야기로 확장된다. 아이들에게 "남녀차별을 받아본 적 있어?"라고 묻자, 여학생들과 남학생의 답변이 이어졌다.

"남자아이들처럼 거칠게 논다고 지적받았어요."
"아빠가 여자애가 웃음소리가 이상하다고 말했어요."
"발레하기 싫은데 강요받았어요."
"여자아이가 좀 차분해야지 하고 들었어요."

남학생들도 억울함을 호소하는 건 마찬가지였다. 한 남자아이는 책을 다 읽자마자 "마니에게 엄청 공감해요."라고 연신 고개를 끄덕이며 마니의 마음을 이해할 수 있다고 했다.

"어떤 사람이 우리 집을 보러 왔다가 제 방에 피아노가 있으니, 남자가 피아노 치냐고 말했어요."

"아빠가 남자아이가 운다고 뭐라 하셨어요."

"남자아이가 키가 작다고 맨날 들었어요."

모두 억울하고 속상했을 것이다. '남자답게', '여자답게'라는 말로 아이들을 규정해서는 안 된다. 지금 아이들은 좋아하는 것, 관심 있는 것을 탐색하며 자신을 발견해 가는 중이다. 그 과정 속에서 자신을 만날 때마다 설렘과 기쁨을 느꼈으면 좋겠다.

자신이 걷는 길이 일직선일 수만은 없다. 비탈길도 있고 오르막길도 있어야지 흥미롭지 아니한가! 여러 갈래의 길이 존재할 수도 있지만 자신의 길을 선택하면 된다. 우리 모두의 길을 응원하며!어떤 길을 걷든 노력하길!

– 6학년 이○○

영재야,
우리 같이 놀자!

『천천히 안녕』 중 「영재의 의자」, 고재현 글, 이소영 그림, 창비

어린이책을 읽으며 어린 시절을 여러 번 다시 산다. 책을
읽어줄 때면 주인공이 되어 잠시 그 시절로 돌아간다. 아이
들과 함께 공감하며 마음을 시원하게 쏟아내게 해주는 동화
를 찾았다. 바로 고재현 작가의 『천천히 안녕』이라는 동화집
이다.

그중에서도 「영재의 의자」라는 단편은 출간되었을 때부
터 다양한 학년의 아이들에게 읽어주었다. 요즘 어린이의
일상을 세심히 재현하면서도 판타지 요소를 적극 활용한 서
사로 독자들에게 기묘한 짜릿함을 선사하는 작품이기 때문

이다. 요즘은 저학년 아이들조차 학원 때문에 한숨을 푹푹 쉬며 힘들어한다. 학원 숙제로 인한 스트레스는 더 이상 고학년만의 이야기가 아니다. 이 작품을 통해 공부 때문에 힘들어하는 아이들의 마음을 대신 전하는 마음으로 실감 나게 읽어주었다.

첫 장면부터, 송구가 의자에서 쓱 나타난 영재라는 귀신을 마주하는 순간, 독자들은 순식간에 호기심 속에 빠져든다. 머리를 풀어 헤치고 귀신이 되어 대사를 읽으면 평소 꾸벅꾸벅 졸던 아이들도 눈을 똥그랗게 뜨고 다음 이야기를 궁금해한다.

송구는 숙제하기 싫고 놀고 싶은 4학년이다. 숙제를 덜한 채로 학교에 갔는데 숙제를 펼쳐보니 다 완성되어 있다! 알고 보니, 재활용 가게에서 사 온 별무늬가 있는 의자에 원래 주인이 대신 숙제를 다 해둔 것이었다. 그 친구 이름은 '영재', 송구와 같은 4학년이다.

송구는 매일 영재에게 숙제를 맡기고 실컷 노는 즐거운 나날을 보낸다. 심지어는 수학 단원평가까지 대신 보게 하고 '100점을 맞으면 엄마 아빠에게 인정받으리라.'는 상상을 한다. 하지만 그 상상은 처참히 무너지고 오히려 평소보다 더 낮은 점수를 받게 되자 "거짓말쟁이 사기꾼!" 하며 영재한테 따져 묻는다. 풀이 죽은 영재는 숙제를 해줘야 자신과 놀아줄 것 같아서 그렇게 했다고 말한다. 그리고는 정말 가기 싫었던 수학 학원에 가다가 사고를 당했다는 사실까지 고백한다. 영재의 소원은 학원도, 책상도, 의자도 아닌 다른 곳에서 친구들과 실컷 놀아보는 것을 원했는데 그 방법을 몰라 다시 의자로 돌아와 방법을 찾고 있던 것이었다.

미안해진 송구가 영재를 위해 노는 방법을 알려주는 장면이 있다. 이 부분에서 잠시 책을 덮고, "얘들아, 우리가 영재가 한을 풀 수 있게 재미있게 노는 방법을 알려주자!"라며 질문을 던졌다. "영재의 한을 풀어줄 신나는 놀이는 무엇일까?"라는 질문에 아이들은 저마다 자신이 노는 방법을 알려주었다. "핸드폰 게임해요.", "코인 노래방 가요.", "다이소 가요.", "편의점에서 라면 먹어요.", "4컷 사진 찍어요."

예상하지 못한 답변에 이토록 현실적인 놀이가 지금 아이들의 놀이 방식일 수도 있겠구나 하는 쓸쓸함이 함께 따라왔다. 결국 영재의 한도 한이지만, 우리 아이들이 '관계 맺으며 노는 법'을 잃고 있는 건 아닌지 함께 고민해야 할 순간이었다.

이 작품은 시험과 숙제에 짓눌리는 아이들의 마음을 섬세하게 포착한다. "잘하는 건 칭찬 안 해줘. 못하는 것만 혼을 내. 못하는 걸 잘할 때까지, 모두 잘해서 1등을 할 때까지."라는 영재의 대사가 있다. 국어도 잘하고 미술도 잘하는 영재는 잘 못하는 수학 때문에 늘 주눅 들어 있었다. 어울리는 친구도 없이 학원에 내몰린 영재는, 어디 가서 무엇을 하고 놀아야 하는지 모르는 영재는 이 작품에만 있을까? 두 아이는 책 속에만 있는 아이들이 아니다. 교실 안에는 시험을 잘 봐서 부모님에게 인정받고 싶은 송구 같은 아이들이 있고, 친구랑 어울려 노는 법을 알 기회를 잃은 영재 같은 아이들도 있다.

　이대로 책만 읽기 아까워서 자기 이야기를 할 수 있는 장을 펼쳐보았다. 비경쟁 독서토론은 개인의 독서를 공동체의 독서로 만드는 자리다. 월드 카페처럼 여러 사람과 자리를 바꾸며 책 이야기를 나누고, 질문을 만들고, 그 질문을 통해 작품을 더 깊게 바라볼 수 있는 토론이다. 이 토론의 장에서 아이들이 영재와 송구를 통해 자기 모습을 보기 바랐다.

　토론 자리에서는 영재가 놀지 못하고 떠난 것이 아쉬웠다는 이야기도 있었고, 영재가 한을 풀고 하늘에서 편하게 놀았으면 좋겠다는 이야기도 했다. 비경쟁 독서토론에서는 자기 이야기를 하는 것이 가장 중요한데, 공부에 대한 어려움을 토로할 때 서로가 공감해 주면서 위로받는 모둠이 인상적이었다.

　"내가 공부하면, 엄마가 좋아해. 그래서 엄마를 기쁘게 하는 것이 공부하는 거야."
　"나도! 나도!"

　아이가 사랑받기 위해, 인정받기 위해 공부한다는 이야

기를 듣고 마음이 좀 복잡해졌다. 아이들이 느끼는 무게감이 고스란히 전해져 안쓰러운 마음이 들었다. 그래서 아이들에게 선생님도 어린 시절에 사랑받기 위해 공부했던 때가 있었다고, 아직도 못하는 것에 대해 스스로 자책하고 있다고 너희의 마음을 충분히 이해한다고 솔직하게 이야기해 주었다.

단편 동화를 읽고 친구들과 선생님과 이야기를 나누면서 그 속에서 독자들은 '나'를 발견한다. 한 시간이 넘는 토론 현장에서 말과 글을 통해 서로의 마음을 들여다볼 수 있었다. 그렇게 아이들이 만든 명언은 다음과 같다.

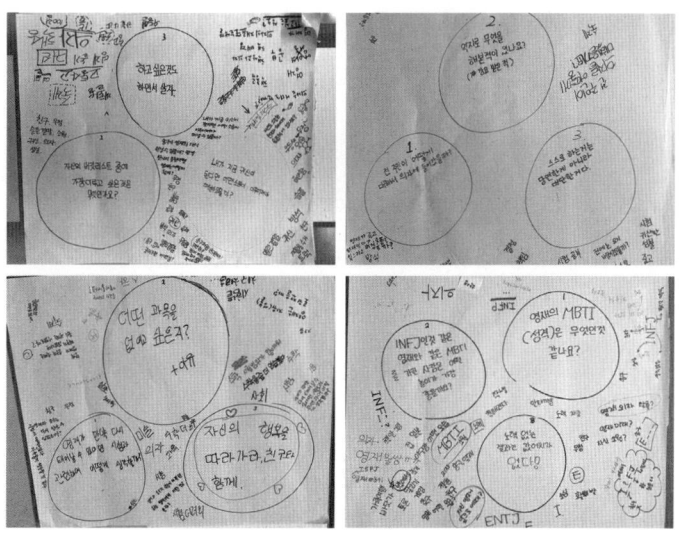

– 하고 싶은 것도 하면서 살자.

– 스스로 하는 거는 당연한 게 아니라 대단한 거다.

– 노력 없는 결과는 값어치가 없다.

– 자신의 행복을 따라가라, 친구와 함께.

아이들이 책을 읽고, 다른 사람과 이야기하며 서로 따뜻하게 연결되기를 바란다. 그 속에서 자기 모습을 바라보고, 위로받고, 공감받으며 그렇게, 그렇게 자랐으면 좋겠다.

에필로그

『영재의 의자』 작품을 고민했던 지점이 있었다. 첫 번째는 죽음이라는 소재에 관한 것이었고, 두 번째는 결말에서 영재가 송구와 놀지 못하고 떠나버리는 지점이었다. 고민하다가 고재현 작가님께 직접 연락을 드렸고, 정말 감사하게도 고민에 대한 해답을 얻을 수 있었다.

영재의 죽음에 관한 이야기를 말씀드리면, 이야기의 도입에서부터 어린이들은 영재가 평범하지 않다는 것을 눈치채지요. "귀신이 내 엉덩이를 찔렀어."라는 송구의 대사가 나오기 때문에 독자들은 영재가 이미

죽은 존재라는 것을 압니다. 그렇기에 독자들은 죽음에 대한 충격보다 '어떻게 죽었을까?'를 궁금해하는 마음이 크지요. 그리고 영재의 죽음이 사고였기에 더 안타까워하고요. 동화에서 '죽음'은 늘 어렵고 예민한 부분이지만, 삶의 일부이기도 하지요. 그래서 직접적이기보다는 이렇게 판타지를 통해 표현해 보았고요.

열린 결말로 쓴 이유에 대해 말씀드리면, 송구와 영재가 함께 실컷 노는 장면으로 마무리했다면 그것도 의미가 있었을 거라고 생각합니다. 영재의 소원이 이루어지는 것이니까요. 그러면 영재는 비로소 이 세상을 떠날 수 있겠지요. 그런데 전 영재가 좀 더 놀기를 바랐습니다. 학교, 학원, 책상 앞에만 묶여 있던 영재가 세상 밖으로, 빙글빙글 도는 회전의자를 따라서 세상으로 나아가 어디로든, 어떤 사람을 만나든 그것도 나쁘지 않다고 생각했습니다. 그 이후의 이야기는 독자의 몫이라고 생각했습니다. 어떤 어린이는 비극적인 결말을 떠올릴 수도 있고, 어떤 어린이는 즐거운 결말을 상상할 수도 있겠지요. 저는 마지막에 '쓰레기차'가 아닌 '재활용 수거차'로 쓴 것은 더 희망적인 결말을 상상했습니다.

내 이름을
불러줘

『문제아』중「문제아」, 박기범 글, 창비

박기범 작가의 『문제아』는 1999년에 출간된 작품이다. 20년이 훌쩍 지난 책이지만, 이 작품을 처음에 선택한 건 주인공이 6학년이라서 '6학년 첫날을 기대하는 마음을 공감해 보라.'는 단순한 이유였다. 하지만 읽으면 읽을수록 처음의 수업 의도와는 또 다른 깊은 의미를 발견하게 되었고, 그 의미를 지금도 계속해서 찾아나가는 중이다.

우리는 흔히 한 번의 대화나 하나의 행동만으로 상대를 쉽게 판단하는 실수를 저지른다. 게다가 자신이 본 대로 믿고 싶어 앞뒤 상황을 자세히 살피지 않는 경향이 있다. 특히 어른들이 그러하다. 그러나 어떤 사람을 온전히 이해하려고 노력하면, 이해하지 못할 때보다 훨씬 더 많은 것이 보이게 된다. 우리는 문학 작품을 통해 이러한 깊이 있는 이해의 경험을 간접적으로나마 해볼 수 있다. 그런 간접경험을 할 수 있는 책이 바로 『문제아』다.

　수업에서 가장 먼저 하는 활동은 표지를 보고 내용을 예측하는 일이다. 가장 많이 이야기하는 것은 '오토바이를 훔친 소년, 범죄를 저지른 아이, 사람들로부터 비난받는 왕따' 같은 이야기가 나온다. '문제아'라는 제목에서부터 시선이 좋지 않다. 창수의 표정은 찡그린 표정에 주변 사람들도 '쯧쯧쯧' 하며 언짢은 표정을 살필 수가 있다. 그런데 오른쪽 아래 여자아이만이 유일하게 웃고 있다. 그 모습을 처음에는 발견하지 못했다가 여러 번 읽었을 때 누군가가 발견해 주었다. 어떤 아이가 "이 그림을 아무런 편견 없이 창수를 볼 수 있는 사람은 어른이 아니라 어린이"라고 이야기를 해주었다. 오토바이를 타고 간다는 사실 하나만으로 '저 아이는 이럴 거야.'라는 편견을 가지지 않을 수 있는 누군가가 존재한다는 희망을 갖게 하는 부분이었다.

　이야기의 후반부에 창수가 아침 신문 배달을 마치고, 등굣
길에 오토바이를 타고 가는 장면에서 잠시 읽기를 멈추었다.

　"다시 그림을 보세요. 주인공의 표정이 어때 보이나요?
오토바이를 타고 가는 장면이 읽기 전과 같은 마음인가요?"

　"안타까워요. 창수의 사정을 이제 알고 나니 이해가 되어
요."

　주인공의 상황을 다 알고 나서 처음에 했던 부정적인 시
선이 바뀌었다는 걸 알 수 있다.

　우리는 책에 더 몰입하기 위한 방법으로 읽다가 멈추기
를 반복한다. "이거 (연극)해봐요!" 하면 멈추고 그 부분을 재
연하고, "주인공 할머니 나오세요!" 하면 갑자기 할머니가

되어서 나온다. 이 순간만큼은 선생님이 아니라 책 속 누군 가가 되어서 아이들과 호흡하고 이야기 나눈다. 신기한 건 역할에 몰입하여 금세 나를 어른으로 보지 않고 반말도 쓰고 표정도 변하는 아이들이다. "지금부터는 상황극이야, 연극이야, 책 속으로 가보자!"라는 말이 없어도 그대로 자연스럽게 몰입을 하게 된다.

나는 읽을 때마다 창수의 마음을 온전히 이해하려고 노력하는 중이다. 봉수형이 되어 창수를 감싸주고 싶은 마음으로 읽고 있다.

수업 중에 한 아이가 이런 내 마음과 다른 이야기를 해서 좀 놀란 적이 있다.

"창수는 문제아가 맞아요. 범죄를 저지른 사람들은 환경이 불우한 경우인데 그런 경우에 정신이 이상한 친구들도 많아요."

"아무리 그래도 의자로 내리친 건 범죄예요. 지나친 행동이에요. 살인 아니에요? 끝까지 창수는 맞고 있어야 해요."

작품 속의 주인공과 달리 아이들은 자기 억울함을 호소하며 주인공이 겪은 문제를 해결할 것처럼 이야기한다. 말

못 하는 창수의 행동을 이해하지 못한다. 왜 선생님과 주변 친구들에게 사정을 말하지 않냐고 답답해하며 진실을 말해서 오해를 풀고 학교 폭력으로 얽힌 규석이에게 오히려 사과를 받아내야 한다고 한다(작품이 나왔을 때의 아이들과 지금의 아이들은 달라지긴 했다. 지금은 자기 목소리를 잘 내는 아이들도 많다).

처음에는 작품을 읽어주는 역할로서 담담하게 읽으며 마음을 표현하지 않았는데 수업을 하면서 창수를 이해하지 못하는 반응이 나오니까, 점점 창수의 편이 되어서 창수를 감싸는 사람이 되어버렸다.

12살에게 '그럼에도 열심히 노력해서 극복하라.'는 건 너무 큰 요구 아닌가? 엄마는 돌아가시고 아빠는 일을 하다 다쳤고 할머니도 지병이 있다. 돌봐줄 사람 없는 방에서 혼자 밤을 지새우며 먹을거리도 변변치 않다. 거기다 교실에서는 친구들은 피하고 선생님은 벌레 보듯 독한 말만 쏟아낸다. 그런 상황에서도 노력해서 착한 사람이 되고 공부도 잘해서 인정받으라고 하는 건 너무 가혹한 일 아닌가. 그런 마음에 자꾸만 창수 편에 서게 된다.

2부. 책으로 마음을 보다

나는 나를 문제아로 생각하는 사람에게는 그렇게 있을 거다. 그걸 아는 사람은 딱 한 명 있다. 바로 봉수형이다.

- 끝

이렇게 작품은 끝난다. 해피엔딩이 아니라며 아쉬워하는 학생들에게 완전한 새드엔딩은 아니라고 했다. '봉수형이다.' 이 다섯 글자에서 한 줄기 희망을 볼 수 있다.

단 한 사람이라도 믿어주는 사람이 있다면 그 기대에 희망을 품고 살아갈 수 있다. 열린 결말이라 뒷부분 소설 쓰기를 하였는데 창수의 삶을 긍정적으로 쓴 친구들의 글에 더 고마운 마음이 들었다. 아이들 글에서라도 창수가 걱정 없이 따뜻한 집에서 아빠와 할머니의 온기를 느끼며 안정된 마음으로 살아가기를 기도하게 된다.

봉수형과 환하게 웃고 있는 그림에서 눈을 뗄 수 없다. 이 웃음을 다시 찾아주고 싶다. '문제아'라는 딱지 말고 '하창수'라는 예쁜 이름을 다시 찾아주고 싶다(작품에서는 마지막에 가서야 창수의 이름이 나온다).

　앞으로 남은 『문제아』 책 읽기 수업에서도 나는 더욱더
창수의 편에서 목소리를 낼 것이다. 내가 혹시나 마음을 충
분히 살피지 못해 놓쳤을지도 모를 아이들에 대한 미안함을
담아, 이 책을 더욱 진심으로 읽어주게 될 것 같다.

우리는 얼마만큼
용기 낼 수 있을까

『나무가 된 아이』 중 「나무가 된 아이」, 남유하 글, 황수빈 그림, 사계절

학생들에게 열린 결말이나 슬픈 엔딩을 읽어주면 "선생님, 이건 동화가 아니에요!"라는 말을 듣는다. 동화는 '오래오래 행복하게 잘 살았습니다.'라는 결말이어야 마음이 안심된다는 이야기도 덧붙인다. 그러나 우리 교실의 현실은 항상 행복한 일만 가득한 것은 아니다. 갈등과 오해가 가득하지만, 그것을 잘 풀어나가고 해결할 기회가 아이들에게는 있다.

남유하 작가의 『나무가 된 아이』는 판타지 동화집이다. 책을 읽자마자 교실에서 학생들과 함께 읽기 좋은 책임을

확신했다. 단편은 짧은 페이지 안에 사건의 시작과 절정을 지나 결말까지 맛볼 수 있기에 흥미가 높다. 짧은 페이지이지만, 책을 읽고 난 후 어린이 독자들은 수많은 이야기를 나눌 수 있는 '질문'과 '상상'이 가득한 작품이다. 책을 읽는 사람에 따라 자신의 상황에 비유하여 상상할 수 있는 여백들이 책 속에 존재한다.

작품은 분명히 사건들을 명확하게 보여주지만, 숨겨진 그 안쪽 상황을 구체적으로 설명하지는 않는다. 하지만 독자들은 그것을 직감적으로 느낄 수 있다. 수록된 작품 「온쪽이」는 '반쪽이들' 세상에서 손가락질받는 남과 다른 사람, 즉 우리 사회의 소수자들을 비유한다. 「나무가 된 아이」의 필순이는 죄책감 없는 가해자들에게 끊임없이 발길질당하는 학교 폭력의 피해 아동임을 독자는 이해한다. 「구멍 난 아빠」의 구멍 또한 한때는 꽉 차 있던 꿈을 잃어버린 어른들을 이야기한다.

이 동화집에서 아이들과 가장 많은 시간을 내어 나눈 작품은 「나무가 된 아이」다. 교실 속에 이유 없이 무자비하게 폭력을 당하는 필순이가 있다. 어느 날 필순이는 교실 한가운데에서 갑자기 나무가 된다. 아이들 눈에는 분명히 교실 한가운데 커다란 나무로 변한 필순이가 보이는데 이상하게도 선생님도 부모님도 이 장면이 보이지 않는다. 아이들 눈에만 보이는 이 장면은 현실을 회피하는 어른들을 그리는 것일 수도 있다.

나무가 된 필순이를 가해자는 여전히 가만두지 않고 가지를 부러뜨리고 칼로 낙서를 한다. 한 번도 자신의 아픔을 이야기하지 못했던 필순이는 나무가 되어 나뭇잎에 '아파.'라는 메시지를 남긴다. 그러나 여전히 가해자는 죄책감 없이 더욱 악한 모습을 보이지만, 교실에서 목소리를 내지 못했던 '나'는 필순이에게 관심을 갖는다. 이 작품을 읽으면서 아이들은 "너무 심해요!"라는 반응과 "저는 이런 일이 있으면 하지 말라고 말릴 거예요."라며 분노한다.

아이들이 모두 집에 간 다음, 나는 교실 뒤편 청소함에서 양동이를 꺼냈다. 그리고 화장실로 가서 물을 받았다. 양동이 한가득 물을 채웠다가 이내 쏟아 버렸다. 그리고 급수대로 갔다. 급수대는 화장실과 달리 물줄기가 약해서 채워지는 데 오래 걸렸다.

- P43

마지막 장면은 필순이를 지켜보던 한 아이가 양동이에 물을 받아 필순이에게 부어주는 것으로 글은 끝이 난다. 안타깝게도 지켜보기만 하고 행동하지 못했던 같은 반 아이가 아주 큰 용기를 내는 장면이다. 나무가 되어서도 괴롭힘을 당한 필순이에게 물을 나누어 주는 것은 따스한 눈길을 보내고, 아픔에 공감해 주는 일이다.

이제 현실로 돌아와 보자. 교실에 따돌림은 언제부터 존재했을까? 반 안에서 한 아이를 없는 존재로 생각하고, 가까이 오기만 해도 피하는 일이 있다. 그 속에 유일한 어른인 선생님은 그것을 막으려고 이렇게도 해보고 저렇게도 해보지만, 아이들은 선생님 앞에서만 아닌 척하고 뒤에서는 반복되기도 한다. 누군가를 힘들게 하는 말들이나 행동이 보일 때마다 수업을 멈추고라도 중재하지만, 동화 속 이야기처럼 화해하고 사이좋게 지내는 일이 쉽지는 않다. 특히 고학년이면 더욱 그러하다.

이 작품을 같이 읽었던 어떤 반의 한 아이는 몇 년째 따돌림을 당하고 있었다. 아이들은 이 아이를 끼워주지 않으려고 하고, 어떤 날에는 조롱을 하기도 했다. 담임 선생님 앞에서는 안 그런 척했지만, 쉬는 시간이나 전담 시간에는 그 모습이 너무나 확연히 보였다. 이 책은 우리에게 자연스럽게 현실과 마주할 수밖에 없게 만들었다.

역시나 자신의 삶과 연결하여 에세이를 쓴 글 중에 이 문제를 쓴 친구가 있었다. 선생님이 없을 때는 다른 반 아이들과 함께 이상한 말로 피해 학생을 우습게 만들었다는 이야기를 글로 썼다. 자신은 보고 있지만 나서지 못해서 괴롭다는 이야기도 덧붙였다. 한 명쯤은 이렇게 교실에서 일어나고 있는 이야기를 해주면 좋겠다고 생각했지만, 아무도 꺼내지 않을 수도 있다는 생각도 동시에 했었다. 또 놀라운 것은 피해를 받는 학생도 글을 썼다는 점이다.

나는 집, 학교에서 스트레스가 많이 나온다. 그렇지만 좋을 때도 있다.

그러나 학교에서는 예외다. 우리 반의 ○○이로 인해 나는 힘들고 속상하다. 나는 우리 반 친구들이 좋다. 하지만 우리 반 친구들이 나를 싫어할 수도 있다. 그렇지만 나는 다 존중한다.

- 6학년 김○○

수업 시간에 에세이로 쓴 글은 쓴 사람을 밝히지 않고 글을 화면에 띄워두고 읽는다. 누가 쓴 글인지 밝히지 않기에 솔직하게 글을 쓰는 편이었다.

"너희는 필순이가 당할 때는 나서서 괴롭히지 말라고 막을 수 있다고 말했는데, 반에서 일어난 일에 대해서는 왜 막지 못하지? 동화 속에서는 누가 나쁜지 분명하게 목소리를 내었는데, 교실에서는 왜 그러지 못할까?"

수업 시간에 필순이와 현실을 오가며 한참을 이야기 나누었다. 따돌림을 당하는 아이에게 그만한 이유가 있다는 아이들의 솔직한 말에 불편한 마음으로 수업을 마쳤다. 수업 끝을 알리는 종이 울리고도 몇몇 아이들이 글을 더 쓰겠다며 남아 있었다. '에세이 쓰기'는 말로는 하기 힘든 자신의 마음을 다 털어내는 해소의 과정이 되기도 하는데, 바로 그런 날이었던 것이다.

나는 오늘 보았던 친구의 글이 충격적이었다. 우리 반에 그런 생각을 하는 아이가 한 명쯤은 있었구나. 드라마를 보면 주인공이 괴롭힘당하는 아이를 구해주고, 괴롭히는 아이들을 참교육 해주는데 현실에서는 그렇지 않은 것 같다. 나도 드라마를 볼 때는 그런 장면을 보면 '나도 괴롭힘당하는 아이를 도와줘야지.'라고 생각하는데, 막상 괴롭히는 아이와 당하는 아이를 보면 피하기 일쑤이다. 난 이런 내가 실망스럽다. 그리고 오늘 봤던 이 글을 쓴 친구가 용기 있고, 대단하다고 생각한다. 이 글이 밝혀져도 괜찮아요.

- 6학년 김○○

함께 읽은 동화는 힘이 있다. 엄청난 변화를 당장 일으키지는 못하더라도, 마음속 불편했던 일들을 슬그머니 새어 나오게 만든다. 이들이 당장 눈앞에서 변하지 않더라도, 서서히 변화할 것이라고 믿는다. 몹시도 목이 말랐을 필순이에게 물을 부어주는 그 아이처럼 말이다.

우리도
사랑을 알아요

『꼴뚜기』 중 「사랑 사랑 누가 말했나」, 진형민 글, 조미자 그림, 창비

6학년, 이성에 눈을 뜬 아이들의 연애가 시작된다. 물론 그전에 이미 일찍 연애를 시작한 아이들도 있지만, 서로를 더 잘 알게 되는 2학기 늦가을쯤 '사랑'에 관해 이야기하면 아이들은 킥킥거리면서도 눈을 반짝인다. 1교시 시작 전 이미 나른하게 몸을 누이고 있던 아이들도 오랜만에 똑바로 앉아 나를 바라본다. 예전에는 아이들이 사귀는 것을 부끄러워하며 숨기기도 했는데, 요즘 6학년 반에서는 공개적으로 연애하고 좋아하는 상대방 이야기를 아무렇지 않게 하니 시대가 많이 변했음을 느낀다.

나의 첫 연애도 초등학교 6학년 때였으니 그게 언제 적 인데, 예나 지금이나 사랑에 대한 관심은 변함없는 진리가 아닐까 생각한다. 아이들의 '사랑 이야기가 실린 동화를 보 고 싶다.'는 요구에, 나는 진형민 작가의 동화집에 실린 「사 랑 사랑 누가 말했나」를 읽어주었다.

주인공 '길이찬'과 '주채린'에게 깊이 몰입해서 읽어주면 한 시간이 꼴딱 넘어가며 뒷이야기도 알려달라고 아우성이 다. 그냥 읽기만 하는 게 아니라 할 말이 워낙 많아서 좀처럼 진도가 나가기 어려울 정도였다.

읽어줄 때마다 아이들의 반응이 조금씩 다르기는 하다. 작년 아이들은 시작부터 연애할 때 데이트 비용을 내지 않 는 주채린을 비난하기 시작했다. 길이찬을 자기 일인 양 분 노하며, 홍지영을 비롯한 모든 여자애들은 나쁘다며 거친 말까지 사용했다. 심지어 우리 반 안에서는 주채린 대 길이 찬으로 나뉘어 남녀가 싸우는 일까지 벌어졌었다. 세상에! 이건 동화인데도 말이다.

올해의 아이들은 좀 순한 아이들이라 그런지 주채린 욕

까지는 아니고 뭐든 다 퍼주는 길이찬에 대한 미련스러움에 고개를 저으며 '쯧쯧쯧'을 외쳤다. 단 한 명만 길이찬을 이해할 수 있다며 연신 고개를 끄덕였다. 또 다른 반응은 엄마한테 거짓말까지 해서 힘들게 연애를 시작했으니 오래오래 커플이 되기를 기원하는 아이도 있었다.

이 작품을 읽을 때는 중간중간 찬반 토론을 하며 독자들의 긴장감을 높이면 좋다. 토론 주제로 '길이찬이 영화표와 함께 팝콘도 사야 한다.'라든지 '사랑을 위해서라면 엄마에게 거짓말을 할 수 있다.'라는 주제로 말이다.

아이들은 마치 자기 일처럼 목소리를 높여 열띤 토론을 벌였다. 그러다 다시 작품 속으로 들어가서 길이찬이 문제집값을 빼돌리거나 심사비를 빼돌려 데이트 비용의 액수가 커질수록 "길이찬, 이 모자란 놈아! 네 인생을 살아야지!"하며 길이찬에게 하고픈 말을 거침없이 내뱉었다.

"같은 남자로서 길이찬이 이해가 가니?"라고 남학생에게 물어보면, 딱 한 명 빼고는 모두가 고개를 절레절레 흔들었다. 해도 해도 너무한 것 같다는 반응이었다. 길이찬은 투투데이를 기념해 놀이동산 데이트 비용으로 무술 학원비도 빼돌리려고 고민한다. 도복 속에서 떨어진 수강료 봉투가 사부님 손으로 들어가는 순간 아이들도 같이 "다행이다." 하며 박수를 쳤다. 놀이동산을 못 간다는 길이찬의 문자에 주채린이 두 시간이 넘도록 답장을 보내지 않았다는 부분을 읽자, "이제 차인 건가요?" 하며 연신 씁쓸해하기도 했다. 같이 책을 읽는 우리 반의 분위기는 마치 TV 드라마 앞에서 수다를 떠는 시청자들 같았다. 읽어주는 나도 흥이 나서 더 신나게 읽어주게 된다.

"자, 그럼 '초등학생은 연애해도 된다.'에 대해 너희 생각은 어때?"

법을 들먹이며 "누구에게나 자유가 있으니 사랑은 누구나 할 수 있다."고 찬성하는 아이들, 공부에 방해되고 해결할 수 없는 문제가 생길 수 있으니 "하면 안 돼!"라고 외치는 아이들로 나뉘었다. 이렇게 수업 시간에 책을 읽으며 한차례 상상 속 사랑 이야기가 지나갔다.

날씨가 흐려 수업까지 흐려 재미가 하나도 없는 날.
『꼴뚜기』 한 권이면 재미 업! 하며 교실이 업! 업! 된다.
물론 선생님 목은 다운이지만 말이다.

사랑이
항상 이긴다!

『쿵푸 아니고 똥푸』 중 「라면 한 줄」, 차영아 글, 한지선 그림, 문학동네

어린이는 어른보다 약한 존재다. 그러나 언제까지나 약하지만은 않다. 매일 조금씩 배우고 성장하고 있고 그런 어린이를 꼭 닮은 작품을 읽으며 주인공과 함께 마음이 자라기도 한다. 그런 주인공을 만났다. 차영아 작가의 『쿵푸 아니고 똥푸』 동화집에 수록된 「라면 한 줄」이 바로 그런 작품이었다.

또래보다 작은 시궁쥐 '라면 한 줄'의 모험담은 마치 자신의 이야기가 된 것처럼 빠져들 수 있다. 어른보다 약하고

두려운 것도, 조심해야 할 것도 많아서 '라면 한 줄' 마음에 공감이 된다. 그러나 또래보다 작고 약하지만 위기 상황에서 지혜롭게 해결하고, 무언가를 해낸다. 이런 서사를 읽고 나면 읽은 독자도 함께 그 위기 상황을 지나온 것 같은 기분도 든다.

'라면 한 줄'은 몸도 약하고 배짱도 작다. 하지만 매일 밤 혼자서 '쪼르르 세 번 하면 갈 수 있는' 라면 가게까지 가서 쓰레기 봉지 속의 라면 한 줄을 구해와 엄마랑 나누어 먹는다. '라면 한 줄'의 엄마는 과거의 어떤 사연으로 밖으로 나갈 수 없게 된다. 엄마는 그저 자신을 대신해 먹을 것을 구하러 간 '라면 한 줄'을 걱정하며 세상은 커다란 덫이니 항상 조심 또 조심하라며 당부한다.

동화의 주인공은 늘 위기 상황에 놓이게 된다. 하지만 어린이 독자들은 작품 속 주인공이 잘 해낼 수 있을 거라 믿으며 두 손 꼭 모으고 이야기를 읽는다.

어느 날 '라면 한 줄'이 사는 하수구시의 모든 시궁쥐들이 모여서 중요한 회의를 하게 되는데 이유는 외눈박이 고양이에게 방울을 달 용감한 젊은이를 구하는 회의였다. 외눈박이 고양이에게 삼겹살집 쓰레기 봉지를 빼앗기게 되자 방도를 찾은 것이다.

이 부분에서 "방울을 달 용감한 젊은이 없소?"라는 대사를 읽으면 작품과 달리 "저요! 저요!" 하고 교실에는 용감한 아이들이 손을 든다. 어떤 방법으로 달 것인지 물으면 "재미있는 만화를 보여주는 사이에 방울을 달아요.", "고양이 참치캔에 방울을 넣어놓아요." 등 그 상황을 상상하며 신나는 표정을 감추지 못하고 이야기한다.

교실 속 아이들과 달리 작품 속에서는 아무도 방울을 달 줘가 없다. '라면 한 줄'은 하필 그런 중요한 순간에 벼룩 때문에 놀라 허둥대다가 손을 번쩍 든 것처럼 보이게 되고, 시장님은 이때를 놓치지 않고 '라면 한 줄'에게 큰 임무를 맡기게 된다. '라면 한 줄'은 설득당하는 과정에서 아빠의 영웅담을 처음으로 알게 된다. 사실 '라면 한 줄'의 아빠는 생선가게 털보에게 붙잡힌 엄마를 구한 하수구시의 전설의 영웅이었음을 말이다.

엄마는 길을 떠나는 '라면 한 줄'에게 "외롭고 무서울 때 엄마의 엄마가 불러준 자장가를 불러라."고 한다. 그 자장가를 부르면 요정이 나타나 구해준다는 이야기를 해준다.

"아빠는 어떻게 그런 용기가 나왔을까요?"라는 질문에 "이미 너는 매일 밤 혼자서 라면 가게까지 가는 용감한 아이"라며 응원한다. 과연 '라면 한 줄'은 방울을 달고 올 수 있을까?

학생들은 '라면 한 줄'이 해낼 것을 안다면서 다음 이야기를 재촉한다.

외눈박이 고양이를 만나 두려운 그 상황에 '어떻게 되었을까?'라고 상상해 보았다. 아이들은 이 책을 읽지 않았는데도 그 해답을 알고 있었다. 눈을 반짝이며 큰 소리로 노래를 불러주었다. 이 작품의 중심에는 따뜻한 '자장가'가 있다. 엄마가 가르쳐준 '요스 요스 야호~ 쥬스 쥬스 야하' 이 주문은 엄마의 사랑이 담긴 자장가이자, 외롭고 두려울 때 외치는 마법 같은 말이다.

작품에는 글자로만 나오는 주문을「작은 별」음에 맞추어서 큰 소리로 합창하면 그 힘이 더 크게 느껴진다. 외눈박이 고양이로부터 느끼는 두려움을 이기고 더 큰 용기로 외눈박이 고양이를 구한 부분에 아이들은 "와~" 하며 큰 박수를 보냈다. 어떤 학생들도 '외눈박이 고양이'가 다치는 상황에서 방울을 달라고 말하지 않았다. 아빠가 했던 것처럼 용기를 낸 '라면 한 줄'은 공격을 받아 위험에 처한 외눈박이 고양이를 구한다.

이 작품은 작가가 숨겨놓은 비밀 장치를 추리하며 읽는 재미가 가득한 책이다. "영웅이 되어 돌아온 '라면 한 줄'에게 새로운 이름이 붙여지는데 그 이름은 무엇이었을까?" 이 부분에서는 모든 학생들에게 질문하고 돌아가며 말하기를 하면 좋다.

"삼겹살 영웅", "삼겹살 한 줄", "멋지다 라면 한 줄", "대단한 라면 한 줄" 등 주인공 앞에 멋진 수식어를 가득 붙여준다.

"두구두구두구 라면 한 줄의 새로운 이름은? 무엇일까요?"

"진짜 완전 대단한 라면 한 줄."

"그런데 '요스 요스 야호 쥬스 쥬스 야하'가 무슨 뜻이에요?"

'라면 한 줄'이 엄마에게 묻는다. 독자들도 처음부터 계속 궁금해서 물어보던 것이었다. '라면 한 줄' 엄마가 해주는 답에는 작가의 목소리도 담겨 있고, 읽어주는 선생님의 마음도 담겨 있다.

'사랑이 항상 이긴다.'

이 작고 엄청난 말을 입속에 담아 입안에서 동글동글 굴려본다. 반복해서 읽어보면 사랑이 커지는 기분이 든다. 읽고 또 읽고 또 읽으면서 새긴다. 정말로 살다 보면 '사랑'이 '미움'을 이길 때가 있다. 이긴다는 말로 부족하다. 사랑은 작은 것도 크게 만들고, 안될 것 같은 일도 될 수 있게 만든다.

"선생님, 사랑은 진짜 대단한 거예요."
『라면 한 줄』을 다 읽고 나서 소감 나누기를 할 때, 한 친구가 반짝이는 눈으로 그렇게 말했다. 같이 동화를 읽고 나면 진짜 '사랑'이 모든 것을 이긴다는 걸 믿게 될 수 있다는 생각이 들었다.

"그런데요 선생님, 여자 친구랑 남자 친구랑 싸우면 누가 이겨요?" 한 친구가 물었다. 옆에 있던 다른 친구가 아주 명쾌하게 답해 주었다. "누가 이기기는~ 더 사랑하는 사람이 이기지."라고 했다. 어떻게 알았을까?

외롭고 두려운 마음이 들 때, 외쳐보자.
"요스 요스 야호- 쥬스 쥬스 야하!"

'고귀한 마음을 가진 어른'이 된다는 건

『야쿠바와 사자』, 티에리 드되 글 · 그림, 염미희(옮긴이), 길벗어린이

그림책은 성큼성큼 걸어가는 책이다. 걸음 사이사이를 각자의 삶으로 채우는 책이기도 하다. 내가 그림책을 누군 가와 함께 읽고 싶은 이유는 책에 기대어 다양한 사람들의 생각을 나누고 싶어서다. 책을 읽었을 뿐인데 누군가의 삶 을 알고, 다른 이들과 나눌 수 있다. 우리는 이런 경험을 통 해 비로소 조금 더 유연해질 수 있다. 학창 시절에 너무 단단 해서 휘어지지 못하고 부러질 것이라는 이야기를 들은 적이 있었다. 이런 나에게 다른 사람의 다양한 생각을 들을 수 있 다니 얼마나 다행인가.

2부. 책으로 마음을 보다

같은 그림책을 반복해서 읽어도 지루하지 않다. 그림책은 신기하게 읽을 때마다 새로운 것이 보이고, 매번 다른 의미로 다가온다. 어떤 날인지, 어떤 장소인지, 또 누군가와 함께 읽느냐에 따라 매번 다르게 느껴진다.

프랑스 작가 티에리 드되의 『야쿠바와 사자』는 매년 빠지지 않고 읽어주는 책이다. 캔버스에 검은색 아크릴 물감을 묻힌 붓으로 그려낸 강렬한 흑백 그림이 전체적인 분위기를 압도한다.

그림책은 아프리카 대륙의 한 부족의 성인식을 알리며 시작된다. 이 책을 읽어줄 때, 더 몰입할 수 있게 불을 끄고 음악을 튼다. 나는 잠시 선생님이 아니라 그 현장에 있는 배우가 된다. 교실은 초원과 사막으로 바뀌고 저 멀리 '둥둥' 북소리가 들려온다.

야쿠바는 부족의 전사가 되기 위해 사자와 맞서 싸우는 임무를 받게 되고, 그 길은 오롯이 혼자 견뎌야만 하는 길이다. 골짜기를 건너고, 언덕을 넘고, 온몸으로 거친 바위와 우거진 숲, 바람을 헤쳐 나가야 한다. 숨 막히는 두려움의 긴 시간이 흐른 뒤, 마침내 사자를 만나게 된다. 그런데 사자는 이미 사나운 맹수와 밤새 싸워 피를 흘리고 지쳐 있는 상태

였다. 다친 사자를 만난 건 쉽게 전사가 될 수 있는 행운일지
도 모른다. 사자의 깊은 눈을 마주한 그 순간 야쿠바는 다시
고민하게 된다.

자, 둘 중 하나다.
비겁하게 날 죽인다면,
넌 형제들에게 뛰어난 남자로 인정받겠지.
만약 내 목숨을 살려준다면,
넌 스스로 고귀한 마음을 가진 어른이 되
는 거야.
대신 친구들에게서 따돌림을 받겠지.
어느 길을 택할지 천천히 생각해도 좋아.
날이 밝기까지 아직 시간이 있다.

　　스스로만 아는 '고귀한 마음을 가진 어른'과 비겁하지만
다른 사람들이 인정하는 '전사' 사이에서 무엇을 선택해야
하는가?

　　독자는 그림책의 페이지 넘김을 통해 다음을 쉽게 만날
수 있다. 하지만 야쿠바에게 그 한 장은 날이 밝도록 고민하
는 긴 시간이었다. 수업에서도 이 부분에서 잠시 멈추었다.
그리고 내가 만약 야쿠바라면 어떤 선택을 할까에 대한 이
야기를 나누었다.

처음 이 책을 읽었을 때의 사자를 죽일 것인가, 살릴 것인가에 대한 두 가지 선택 중 한 가지만 택할 수 있는 '찬반 토론'을 했었다. 그러나 최근 수업에서는 제3의 선택도 할 수 있도록 해달라는 아이들의 의견을 받아들였다. 비겁하게 전사가 되는 것은 옳지 않기에 사자를 살려야 한다는 아이들과 부와 명예를 버리고 따돌림을 당하는 건 어리석은 일이라고 살려주는 선택을 하면 안 된다고 하는 아이들이 팽팽하게 맞선다. 제3의 선택을 한 아이들은 "사자와 친구가 되어 떠난다.", "동맹을 맺는다." 등 다른 길을 모색할 수 있다고 주장하였다.

　야쿠바는 밤새 고민한 끝에 창을 거두고 망설임 없이 마을로 향한다. 자신을 기다리는 아버지와 마을 사람들의 차가운 시선을 감내하며 마을 멀리서 물소를 지키게 되는 처지를 후회하지 않았을까? 비난과 따돌림에 대한 두려움 없이 누구에게도 자신의 사정을 이야기하지 않은 용기는 어디서 나왔을까? 혼자 '사자와 맞설 용기'도 대단하지만 스스로 신념을 지키며 선택한 '죽이지 않을 용기'에도 존경스러운 마음이 든다(그림책의 부제가 '용기'다).

　마을에서 정한 성인식의 통과의례와 상관없이 야쿠바가

진정한 어른이라는 걸 아이들은 알게 된다.

그림책 수업에서 마지막 5분은 함께 읽은 책을 다시 혼자서 정리하는 글쓰기 시간이다. '그림책과 내가 만난 지점'에 대한 에세이 쓰기를 하고 있다. 나는 아이들의 글을 통해 아이들의 삶을 보고 또 놓치지 않고 기록하고 모은다. 어떤 책은 아이들에게 강렬한 자신과의 만남이 되기도 한다. 이 책은 5학년 때까지 말을 하지 않았던 아이가 처음으로 자신의 상황을 설명하게 하였다.

나는 발표를 진짜 아주아주 싫어한다. 어떤 문장을 읽을 때 선생님이나 친구들이 뽑을 때 '나만 아니면 된다!'라고 생각할 만큼 발표하는 것은 최악이었다.

가끔 걸릴 때가 있었는데 말을 하려고 해도 말이 나오지 않아 답답했다. 그래서 방에서 혼자 계속 연습하다 보니 '이번에는 꼭 말해야지.'라고 다짐했다.

학교에 가면 친한 친구들이 있어 거리낌 없이 말할 수 있게 되었다. 아직도 가끔 말을 못 할 때가 있지만… 이제 발표도 할 수 있게 되었다!

– 6학년 김○○

　2부. 책으로 마음을 보다

힘들게 냈을 용기와 그 과정을 글로 표현해 준 아이의 더 큰 용기에 고마웠다.

또 다른 아이의 글은 모든 어른에게 보여주고 싶은 글이라 기록해 두었다.

> 야쿠바의 용기가 뭔지 잘 모르겠지만 야쿠바가 한 그 용기를 나도 이해하고 해보고 싶다. 무언가를 자신이 혼자 생각해서 옳은 방향으로 행동하는 것도 용기라고 생각이 들었다. 하지만 그 용기를 실행하는 것이 매우 힘들다는 걸 안다. 하지만 그 용기를 배우고 싶다. 진정한 어른이 되고 싶기 때문에.
>
> – 6학년 이○○

나이를 먹으면 저절로 되는 '그냥 어른'은 될 수 있지만 '진정한 어른'이 되기는 쉽지 않다. 나와 다른 생각을 하는 사람들의 목소리도 들으며, 갈등을 멈출 용기가 필요할 때이다. 그 용기는 나를 바꾸고, 내가 속한 사회를 평화롭게 변화시킬 수 있을 것이다. 아이들이 우리를 보고 있다.

내 속엔
내가 너무 많아

『마음샘』, 조수경 글 · 그림, 한솔수북

모든 학년이 다 좋지만, 내가 가장 좋아하는 학년은 6학년이다. 초등학교에서 만날 수 있는 아이들 중에 가장 말이 잘 통하는 학년이기 때문이다. 믿을지 모르겠지만 가끔 6학년 아이들도 1학년만큼 귀엽기도 하다. 6학년 담임을 하면 호르몬의 변화로 인한 장면을 가까이서 볼 수 있다. 몸과 마음이 빠르게 성장하는 이 시기에 아이들은 "내 마음이 왜 이런지 모르겠어요. 자주 화가 나요."라고 하소연한다. "왜 이렇게 모든 일이 귀찮고 짜증이 나는지, 자기는 원래 그런 것은 아니었는데 엄마랑은 계속 어긋난다."라고 힘들어한다.

인생 최대의 위기라고 할 수 있는, 자신과의 갈등을 처음 시작하는 시기인 사춘기가 왔기 때문이다. 이 시기는 아이들 스스로 '나는 누구인가?'라는 철학적인 질문을 던지는 고민의 순간이기도 하다. 내가 어떤 사람인지 그 물음에 스스로 답할 수 있는 기회를 만들어 주는 것이 6학년 담임의 중요한 역할이다. 어린 시절 나에게 그런 질문을 던져주는 선생님이 있었으면 하고 상상했던 적이 있다. 이제 그 역할을 직접 해줄 수 있어 기쁜 마음으로 아이들을 만난다.

조수경 작가의 그림책 『마음샘』에는 늑대가 등장한다. 목이 마른 늑대는 샘으로 가서 물을 들이켜려는데 샘에 토끼의 모습이 비친다. 깜짝 놀라 늑대가 뒤를 돌아보았지만 아무도 없었다. 토끼가 비친 샘을 향해 '으르렁' 하며 공격도 해보고, 그래도 소용이 없자 토끼를 없애기 위해 샘의 물을 모두 마시려고도 했다. 밤새 그렇게 실랑이를 하다가 마주보게 된 토끼의 얼굴을 가만히 바라보니 어쩐지 정감이 갔다. 늑대가 토끼가 되고 토끼가 늑대가 되어 둘은 서로 하나가 된다. 더 이상 샘에 비친 자신의 모습을 숨기지 않고 그대로를 보여준 늑대 주변에 다른 동물들도 모두 자신의 마음샘을 비춰 본다. 그 속에는 각자의 여린 모습이 비치는데, 동물들은 서로가 그 모습을 감추지 않게 된다.

『마음샘』그림책을 다양한 곳에서 다양한 사람들에게 읽어주었다. 책을 읽고 나면 어른들은 어렵다는 반응을 보였지만, 오히려 아이들은 그렇지 않았다. '마음샘'은 겉모습으로는 보이지 않는 진짜 내 모습을 비춰준다. 그 모습이 부끄럽고 싫어서 감추고 싶을 수도 있지만, 그 또한 내 모습이고 내가 사랑해야 하는 부분이다. 짜증 내고 화내는 내 마음샘 안에 엄마를 사랑하는 마음도 있고, 열심히 잘하고 싶은 내 마음도 있다. 교실에서는 밝게 웃고 아무 걱정 없어 보이는 아이의 내면에는 사실 심각하게 고민하고 속상해하는 마음도 존재한다.

그래서 곁에 있는 어른들은 그 진짜 모습을 봐주고 기다려 주어야 한다. 마음속에 있는 모습도 '그럴 수 있다.'고 토닥여 주어야 한다. 그리고 한 아이가 성장하는 동안 계속해서 '나는 어떤 사람이지? 무엇을 좋아하지?'라는 물음을 스스로 던질 수 있게 도와주어야 한다.

"마지막 장면에 다른 동물들의 마음샘에도 각기 자신의 모습과 다른 동물들이 있었다. 어떻게 해석해야 할까?"

- 겉모습은 강하지만 내면은 그렇지 않다.
- 다들 힘이 센데 마음샘에는 약한 모습이 보여요. 늑대처럼 공격을 안 하는 것을 보니 진짜는 연약함이 들어 있어요.

"그림책에서 말하는 '마음샘'은 어떤 것일까?"
- 내면의 자신을 보여주는 거울이에요.
- 가짜 말고 진짜 내 성격이에요.

책에 대해 충분히 이야기를 나눈 뒤, 나를 돌아볼 수 있는 '나만의 마음샘 만들기' 활동을 해보았다. 도화지를 접어 만든 미니북에 글을 쓰면서, 내 안에는 어떤 모습들이 담겨 있는지 생각해 볼 수 있는 시간을 가졌다. 한 사람씩 돌아가며 자기 마음샘을 보여주면서, 같은 교실에 있지만 잘 몰랐던 서로의 마음을 들을 수 있었다. 용기 내어 한 진지한 고백에 또래 친구들의 이해와 공감을 받을 수 있어서 좋았다고 아이들은 말했다. "너도 그래? 나도 그랬는데…." 그렇게 공감하는 말 한마디에 '나만 이상한가?' 했던 고민이 스르륵 해결되기도 한다.

교사는 이런 그림책 대화를 통해 한 명 한 명의 아이를 좀 더 잘 이해할 수 있게 된다. 어떤 것으로 고민하고 있는지, 무엇을 좋아하고 무엇을 두려워하는지 알게 된다. 아이들의 마음을 두드리고 싶은데, 깊이 있는 이야기도 나누고 싶은데 방법을 잘 모르겠다면 그림책을 읽어주면 길이 열린다고 말하고 싶다. 그림책에 기대어 아이들의 마음을 엿본다. 누군가를 이해하고 공감할 수 있는 기회를 만들어 준 그림책과 '우리'라는 든든한 울타리를 믿고 솔직하게 자신을 보여준 아이들 모두 고맙다.

2부. 책으로 마음을 보다

나는 절대
포기하지 않아요

『조랑말과 나』, 홍그림 글 · 그림, 이야기꽃

6학년 1학기 국어 첫 단원에서 아이들은 '비유적 표현'이라는 새로운 세상을 만난다. 사전을 찾아보면 '비유'란 어떤 현상이나 사물을 직접 설명하지 아니하고 다른 비슷한 현상이나 사물에 빗대어서 설명하는 일이라고 한다. 직유법, 은유법 같은 용어를 익히고 비유적 표현을 찾아내는 것도 물론 중요하지만, 그 너머의, '비유' 그 자체가 얼마나 경이롭고 재미있는 세계인지 알려주고 싶었다. 문학이 가진 최고의 매력은 '비유'라는 것을 아이들과 나누고 싶어서 다른 작품도 더 찾아보았다.

김지혜

비유는 단지 시 속에만 존재하는 것이 아니다. 소설이나 그림책은 물론, 만화, 광고, 영화, 심지어 그림 속에서도 작가의 섬세한 비유를 발견할 수 있다. 독자로서 자신의 삶에 비추어 작품 속 비유를 해석하는 일만큼 적극적이고 의미 있는 행위는 없을 것이다. 특히 그림책은 시처럼 간결하지만 깊이 있는 글이 담겨 있고, 조화롭게 어우러진 그림들이 더 많은 이야기를 건네주는 매체라고 생각한다.

그런 면에서 홍그림 작가의 그림책 『조랑말과 나』는 더 할 나위 없이 훌륭한 작품이었다. 나는 이 책을 아이들에게 읽어주며, 과연 이 그림책 속 '조랑말'이 무엇을 비유하는 것인지 함께 찾아보고 싶었다. 책 속에서 '나'와 단짝 조랑말은 험난한 여행을 떠나고, 그 길 위에는 셀 수 없이 많은 위기와 방해꾼이 나타난다. 그때마다 조랑말은 예상치 못한 상처를 입게 된다. 하지만 '나'는 포기하지 않고 조랑말을 끈기 있게 고쳐가며 여행을 이어 나간다. 조랑말과 '나'의 이 여정은 삶에서 마주하는 어려움을 겪고 회복하는 우리의 모습과 얼마나 닮아 있는지 생각하게 했다.

조랑말은 무엇에 비유한 것일까?

이상한 녀석은 무엇에 비유한 것일까?

끝까지 포기하지 않는 것은 어떤 것에 비유한 것일까?

표지 그림을 본 한 아이가 "이 책은 어린애가 보는 건가요?"라고 물었다. 단순해 보이는 그림과 밝은 색감에 쉬운 책처럼 보였다고 했다. 조랑말과 여행을 가다가 이상한 녀석이 나타나 망가지고, 또 망가진 조랑말을 고쳐주는 것을 반복해서 읽어주니 "너무 심했다, 빨리 병원에 가야 하는 거 아니에요?" 하더니 급기야 "이제 그냥 보내줘요. 놓아줘요." 안타까운 목소리도 들려왔다.

"조랑말과 나는 여행을 떠나요. 하지만, 이상한 녀석이 나타나~ 빵! 내 조랑말을 망가뜨려요."

책을 다 읽고 나서 아이들을 바라본다. 한 아이가 가장 먼저 손을 들었다. 떠오르는 생각을 자유롭게 말하는 친구다. "조랑말은 제 꿈이고, 부모님이 그걸 반대하는 것 같아요."

책을 보며 고민하는 표정으로 나를 보던 다른 아이도 내가 미처 생각하지 못한 걸 이야기했다.

"조랑말도 내 마음이고, 이상한 녀석도 내 마음이에요.

마음속에서 일어나는 일들 같아요."

"조랑말은 어떤 문제 상황이든, 포기하지 않는 것 같아요."

또 조랑말 캐릭터는 자신과 닮은 부분이 있는 것을 표현했다는 아이까지 다양한 해석이 나왔다. 그림책 한 권으로 자기 이야기를 조금씩 꺼낸다.

처음 선생님께서 그림책을 읽어주셨을 때, '글을 쓰기 쉬울 것 같다.'라는 생각이 들었다. 책 제목만을 보고 그게 비유된 표현이라는 걸 생각하지도 못했다. 단지 조금 유치하고 짧은 책일 뿐이라는 게 그림책에 대한 나의 인식이었다.

하지만 그 생각은 첫 그림책 『조랑말과 나』를 읽고 난 뒤 찾아볼 수 없었다. 어떻게 이 그림책을 4~7세가 읽고 이해할 수 있을까? 이 그림 안에 어떻게 이런 의미를 넣어서 우리에게 전달해 줄 수 있는 걸까? 이러한 생각들이 끊임없이 들었다. 이때부터 그림책 읽는 시간을 좋아하게 되었다. 1학기와 2학기 동안 그림책을 통해 우리 반은 서로 많은 이야기를 나누었다.

여러 가지 그림책 중에서 공감이 될 수도 있고 감동과 위로를 받을 수 있다는 걸 알게 되었다. 나에게 와닿은 책은 항상 그렇듯 조랑말과 나이다. 조랑말은 내 마음이라고 생각하고, 이상한 녀석은 날 힘들게 하는 또 다른 나의 마음이라고 생각을 하니 조랑말과 나는 내 삶의 한 부분이고 내 일상이라고 생각한다. 매일 나는 내 조랑말을 붙들고 하루를 버텨낸다. 사소한 이유인 숙제를 하기 싫은 마음도 이상한 녀석이다. 이런 이상한 녀석은 내 조랑말에 흠집을 내진 않는다. 하지만 상처를 받은 날에는 내 조랑말이 으스러진다. 그걸 다시 조립하고 하루를 보내다 보면 상처가 사라질 것 같다고 생각했다. 하지만 마음의 상처는 쉽게 사라지지 않았다. 잊을만하면 다시 떠오르는 게 상처 입은 조랑말과 나이다.

그림책은 읽는 연령이 중요한 게 아니다. 어떤 생각을 가지고 있느냐에 따라 달라진다. 그 사람이 유치하다는 생각을 가지고 읽는다면 숨겨진 의미를 못 찾을 것이다.

- 6학년 권○○

『조랑말과 나』가 인생 책이라는 아이의 글을 읽고 서른이 넘은 내가 위로를 받았다. 열세 살의 아이에게서 나올 수 없는 깊은 슬픔도 보였다. 무엇이 이 아이의 조랑말을 망가뜨리는 것일까? 위로와 격려를 해주고 싶어 꼭 안아주었다.

　나에게 조랑말은 아이들을 향한 내 마음이다. 이상한 녀석이 나타나 내 조랑말을 흔들어 놓을 때면 수없이 망가졌다. 나는 포기하지 않았을까? 망가진 조랑말을 저 멀리 밀어낼 때도 많았다. 그러나 아이들이 있기에 다친 조랑말을 치료하고 보듬어 당당하게 함께 손잡고 갈 수 있게 되었다. 함께 읽는 그림책은 더없는 치료제다. 아이들과 나는 매일 좋은 책을 함께 읽으며 조금씩 더 성장해 간다.

엄마,
우리 엄마

『나의 엄마』, 강경수 글 · 그림, 그림책공작소

아이들은 참 신기한 존재이다. 선생님이 이건 꼭 읽어보라고 추천한 책보다, 친구가 소개한 책에 훨씬 더 큰 흥미를 보이는 경우가 많다. 바로 그 지점에서, 예상치 못한 감동이 시작되기도 한다. 어느 날 한 아이가 숙제로 가져온 글이 너무나 좋아서 나는 그 자리에서 다른 아이들에게도 읽어주었다. 친구의 진심이 담긴 글은 교실에 조용한 파동을 일으켰다. 그 책은 바로 그림으로 많은 것을 이야기하는 강경수 작가의 『나의 엄마』라는 작품이었다. 이 그림책에 나오는 단어는 단 하나 '엄마'뿐인데 이 책이 이 아이에게 어떤 울림으로 다가왔을까 궁금해하며 아이의 글을 읽어주었다.

　　도서관에서 '서평 쓰기 좋은 책이 어디 있을까?' 하고
책을 찾았다. 그렇게 발견한 책이 『나의 엄마』라는 책이다.
　　책을 펼치자 나오는 면지에 여러 색과 선에 '엄마라는
주제로 쓴 책이 맞나?'라는 생각이 들었다. 하지만 책을 다
읽고 난 후의 나는 '슬프다.'라는 생각밖에 할 수 없었다.
　　『나의 엄마』라는 책은 '엄마'라는 말만 나오는(처음에 아
기가 엄마를 부르는 '맘마'라는 글자가 있다) 간단한 그림책이다.
　　이 책에서는 아이가 어른이 될 때까지의 상황을 '엄마'
라는 말을 사용하는 때를 그렸다. 무서운 꿈을 꿔 엄마를
부를 때, 비밀 일기장을 본 엄마에게 소리칠 때, 결혼식에
서 눈물을 흘릴 때, 엄마가 세상을 떠나실 때 등 엄마를
부르는 많은 상황들을 그렸다. 그러나 이렇게 일상생활에
서 엄마라는 말을 부를 때의 상황을 그린 그림을 시간순
으로 모아보니 정말 많은 생각들을 할 수 있었다.

　　나는 '엄마'라는 단어가 그냥 호칭이라는 생각을 가지
고 있었다. 책을 읽기 전에는 말이다. 읽고 난 후에는 아마
'엄마'라는 말이 세상에서 가장 슬픈 단어라고 느껴졌다.

그 이유 첫 번째는, 『나의 엄마』에서 엄마의 이름은 단 한 번도 나오지 않았기 때문이다.

엄마도 엄마라는 호칭으로 불리기 전에 엄마의 이름이 있을 것이다. 하지만 인생의 절반 정도를 '엄마'라고 들어야 하기 때문에 미안한 마음이 들었다. 그래서 '엄마'라는 단어가 슬프다고 느꼈다.

두 번째는, 이 책의 아이가 엄마가 되는 장면이 나와 있기 때문이다.

앞에서 말했듯이 이 책에서는 한 아이가 어른이 될 때까지의 순간들이 나와 있다. 그래서 아이가 커서 엄마가 되었다는 것에서 나는 왠지 모르게 충격을 먹었다.

왜냐하면 나는 엄마는 처음부터 엄마였을 것이라고 생각하였기 때문이다. 엄마도 나만 했던 때가 있었다는 것을 알면서도 그림책으로 보니 엄마의 시선으로 보는 것 같아서 엄마도 어른이지만 어렸었을 때가 있었다는 것이 왠지 서글펐기 때문이다.

세 번째 이유는, 그냥 우리 엄마가 생각났기 때문이다.

중간 장면에 아이가 엄마에게 "엄마!"라고 화내며 소리치는 장면이 있었는데 그 장면이 꼭 내가 소리치는 것처럼 느껴졌기 때문이다. 내가 소리쳤을 때 나는 단 한 번 우리 엄마의 표정을 본 적 있었는데 굉장히 상처받은 표정이었다. 그 표정이 그림책의 엄마의 표정과 겹쳐 보여서 엄마라는 단어가 슬프게 느껴졌다.

『나의 엄마』라는 책은 엄마를 떠올리게 하고 '엄마'라는 말에 대하여 더 생각하게 해주는 책이다. 만약 이 책을 읽었다면, 읽지 않았더라도 남는 시간이 있을 때 엄마에 대하여, '엄마'라는 말에 대하여 생각해 보면 좋겠다.

'엄마'라는 말만을 가지고 이렇게 좋은 책을 쓰신 강경수 작가님을 존경하고 작가님께 감사드린다. 나는 이 책을 모두에게 추천하고 싶다.

– 6학년 하○○

이 책은 겉표지를 싸고 있는 띠지의 역할이 작품의 한 부분이 된다. 하지만 글을 쓴 아이가 빌려본 도서관 책은 띠지가 없다. 공공도서관의 비치된 책들은 띠지가 없는 것이 대부분이다. 나이가 든 엄마가 그려진 세로 형식의 띠지를 벗겨내면 아이가 나타난다. 3대가 표지를 통해 이어져 있는 것을 보여준다. 아이가 엄마가 되고 엄마가 할머니가 되고, 띠지를 움직이면 3명이 모두 손을 잡게 할 수도 있다. 글을 쓴 아이도 '아'하며 놀라워했다.

"다른 친구들에게도 이 책을 읽어주고 싶은데, 읽다가 선생님이 울 것 같은데 어쩌지? 이 책은 선생님 엄마 생신 때 선물로 드린 책이야. 생신 때 직접 읽어드리려고 했는데 그러지 못했어. 네 덕에 너희에게 읽어줄 수 있게 되었네. 각자 엄마의 모습을 떠올려봐."

아기가 엄마를 부른다. 세상에서 제일 처음 하게 되는 말, '엄마' 밥 먹을 때도 길 건널 때도 자다가 일어났을 때 시도 때도 없이 엄마를 부른다. 사춘기가 되어 일기장을 훔쳐본 엄마에게 소리를 지를 때도 엄마를 부른다. 세월의 흐름에 따라 엄마를 부르는 모습이 나온다. 그러다… 한동안 남자에게 사랑에 빠져 엄마를 부를 일이 없다. 결혼을 하고 세월이 지나 엄마가 아프게 되고, 쭈글쭈글해진 손을 잡고 엄마를 부른다. 어느 순간 불러도 대답할 수 없는 엄마가 거기에 있다. 슬픔에 잠긴 '나'를 향해 누군가 첫 장면에서 엄마에게 불렀던 그 눈빛으로 부른다. "맘마…"

혼자 읽었을 때 보지 못했던 많은 것들이 보였다. 같이 읽은 우리들은 각자의 엄마를 떠올리며 글을 썼다. '나의 엄마'라는 제목보다 '우리 엄마'가 낫다며 제목도 바꾸는 아이도 있었다.

작년에 혹독한 사춘기를 겪은 한 아이는 수업 시간이 끝나는 종이 치고 다음 시간이 되어서도 눈물을 훔치며 묵묵히 쓰고 있었다. 글로 마음을 다 토해내고 있는 중이었다. 가슴에 응어리를 글로 풀면 시원하다. 운만큼 말이다.

우리 엄마는 멋진 사람이다. 컴퓨터도 잘 고치고 밥도 맛있게 해주시고 재미있는 말도 많이 해주시는 엄마가 우리 엄마다. 하지만, 요즘은 아니다. 싸우고, 싸우고, 싸운다. 이제 내가 '사춘기'라는 시기에 접어든 것 같다. 그래서 서로에게 많은 상처를 주고받는다. 항상 그런 말을 들은 엄마의 표정은 그냥 화난 표정이었다. 그래서 몰랐다. 엄마도 감정이 있다는 것을. 엄마여서, 엄마이기 때문에 엄마는 항상 강해야 했다. 무슨 일을 겪든 무슨 말을 듣든지 그것을 다 감당해야 했고, 참아야 했다. 그렇지만 나는 엄마가 나를 싫어하는 것 같았다. 나도 엄마에게 상처를 주었지만 나도 상처를 받았기에. 그런데 그게 아니었다. 항상 우리를 우선순위로 여기시고 바르게 키우기 위해서 그런 것이었는데 이제까지 바보같이 말한 것들이 후회된다.

어제저녁에도 그랬다. 감기가 심해질까 봐 창문도 닫아주시고 이불도 바르게 덮어주셨다. 그리고 머리를 한번 쓰다듬으신 후 나가셨다. 어찌 보면 사소한 것이지만 나는 아니었다. 나는 엄마께 감사하고 죄송했다. 여태껏 사랑한다는 말 한마디도 제대로 안 했던 난데 그런 나를 위해 그렇게 해주셨다는 것이 너무 죄송했다.

엄마는 우리가 했던 행동과 말을 하나하나 기억하고 계실 것이다. 처음 태어나서 울었을 때, 옹알이를 하였을 때 걸음마를 처음 떼었을 때 지금 엄마에게 화를 낼 때 등 우리가 했던 일들을 모두 기억하고 계실 것이다.

- 6학년 장○○

나 혼자 아이들이 떠난 교실에서 글을 읽으며 아이들과 엄마의 관계를 이해할 수 있었다. 한 아이를 이해하기 위해선 그 아이만 보면 온전히 알 수가 없다. 12년이라는 시간 동안 한 아이를 만들어 온 그 시간들을 같이 보아야 이해하고 공감할 수 있다. 하지만 교사가 알 수 있는 정보가 그리 많지 않다. '가정 조사서'에 적힌 몇 가지 정보로는 절대 알 수 없는 것. 오늘 그림책 한 권이 내게 준 '아이 이해서'다.
이해서를 바탕으로 더 섬세한 마음으로 아이가 잘 성장할
수 있게 돕고 싶다.

우리에게 꼭 필요한 사람,
바로 그대

『쫌 이상한 사람들』, 미겔 탕코 글 · 그림, 정혜경(옮긴이), 문학동네

　『쫌 이상한 사람들』이라는 제목을 보고는 아이들이 고개를 갸웃거린다. 제목부터 '쫌 이상하다.'고 생각하기 때문이다. "어떤 사람들이 등장할 것 같니?"라고 물으니, 아이들은 '에이리언', '초능력자', '변신하는 사람들' 등 상상할 수 있는 온갖 특별한 사람들의 이야기를 한다. 사실 오늘 읽어줄 그림책은 이번 주 우리 반 당번들의 모습을 보고 떠올랐다. 이두 아이를 은근히 칭찬해 주기 위해 이 책을 함께 읽어보기로 마음먹었다.

우리 반은 당번 제도가 있어 일주일에 2명의 당번이 남아서 뒷정리를 한다. 교실을 쓸고 닦고 우유를 가져다 놓는 일들이다. 매주 같은 업무라도 당번에 따라 애쓰는 정도는 조금씩 다르지만, 대부분 주어진 일은 묵묵히 잘하는 편이다. 그런데 이번 주 당번은 정말 쫌 이상하다. 아니, 많이 쫌 이상하다.

월요일 첫날부터 아이들은 책상을 뒤로 다 밀고 대청소를 시작했다. 나는 '열정적인 학생들이군.' 생각하며 "수고했어."라고 대수롭지 않게 지나갔다. 그런데 화요일에도 늦게까지 남아 청소를 하더니, 급기야 수요일이 되어서는 의자 아래에 10년 정도 묵은 먼지 덩어리를 핀셋으로 꺼내기 시작했다. 한 사람당 의자 다리가 4개이니, 23개 의자면 모두 92개의 다리에서 먼지 덩어리를 꺼내어 모으고 버리는 일을 한 것이다. 옆에서 구경하던 당번 아닌 아이도 덩달아 칠판의 묵은때를 벗긴다며 동참했다. 목요일에는 교실 앞뒤 문 아래 틈의 10년 넘은 묵은때를 벗기기 시작했다. 그곳은 유심히 보지 않으면 더러운지도 깨끗한지도 모르는 곳이다. 그제야 나는 이들이 정말 많이 이상하다는 것을 눈치챘다. 그리고 궁금해졌다. 이 아이들은 당번 일이 끝나고 다른 아이들에게 생색을 내지도, 나에게 어떤 칭찬을 요구하지도

않는다. 그저 싱글벙글 청소하며 "속이 다 시원하다!"라며
깔깔거렸다.

"얘들아, 너희 이번 주 당번 많이 힘들었지? 그런데 갑자
기 당번 체크리스트에 없는 것까지 한 거야? 너무 궁금해서
물어보는 거야."
"그냥요, 선생님. 그냥 하고 싶어서요."
"진짜 착하네. 이렇게 착한 행동은 본래부터 타고나는 걸
까? 아니면 배우는 걸까?"
"(쑥스러운 듯 고개를 숙이며)배우는 것 같아요."

나는 이 아이들이 칭찬을 받기 위해 이런 행동을 한 것은
아니라는 것을 알고 있었다. 원래부터 주변을 잘 챙기고 다
정한 마음을 가진 아이들이었다. 어떤 일을 하고 드러내거
나 으스대지 않는다. 그런데도 보고 있는 나는 그 마음을 알
면서도 여기저기 자랑하고 싶었다. 이렇게 '쫌 이상한' 아이
들이 우리 반에 있다는 것을. 그래서 그림책 읽는 시간에 미
켈 탕코 작가의 『쫌 이상한 사람들』을 읽어주었다.

그림책의 헌정 페이지에는 "쫌 이상한 사람들에게 이 책

을 바칩니다."라고 쓰여 있다. '쫌 이상한 사람들'은 개미를 밟지 않으려고 조심해서 다니고, 혼자가 된 동물들을 살피며, 상대방의 승리도 기쁘게 축하하며, 아무 곳에서나 즐겁게 춤추고, 남을 웃길 줄도 알고, 나무에 감사함을 표현하고, 다른 사람이 가지 않은 길을 가며, 다른 사람이 내놓은 발자국을 따라 걷기도 한다. 그리고 눈을 뜬 채 꿈을 꾸는 사람들이 등장한다.

세상에는 쫌 이상한 사람들이 있습니다. 이 사람들은 아주 작은 것에도 마음을 씁니다.
혼자라고 느끼는 이가 있으면 곧바로 알아채고,
자기편이 졌을 때에도 상대편에 축하의 박수를 보내요.
가끔은 그저 자기를 위해 음악을 연주합니다. 즐거우면 그만이죠.

그제야 아이들은 자신이 예상한 에어리언이나 초능력자가 아니라, 우리 주변에 아주 섬세한 마음을 가진 사람들이라는 것을 알아차린다. 아이들의 이야기에는 이런 공감과 통찰이 담겨 있었다.

– 쫌 이상한 사람들이 없으면 동식물을 아끼는 사람도 없고 주변도 행복해질 수 없다. 그리고 쫌 이상해도 우리와 같다.

– 쫌 이상한 사람이 우리 반에도 많이 있는 것 같다. 왜냐하면 이 책에 있는 행동이 우리 반에 있는 친구들이 하고 있는 행동이랑 똑같기 때문이다.

– 쫌 이상한 사람들에서 나온 사람들은 우리 주변에서 한 번쯤은 보았을 법한 사람들이기도 하다. 세상에 그런 '쫌 이상한 사람들'이 없다면 사람들은 세상을 지루하게 살 것이다. 그런 사람들이 있어서 세상이 따뜻하고 작은 생명도 보살핌을 받을 수 있다. 쫌 이상한 사람들은 쫌 많이 멋진 사람들인 것 같다.

– 쫌 이상한 사람들은 따뜻한 마음을 가지고 있는 것 같다. 이상한 사람들이라며 그런 사람을 생각한 작가님이 놀랍다. 처음에는 뭐지 하다가 이상하게 빨려 들어가는 책이다.

– 쫌 이상한 사람들이 우리 생활 속에 있는 것이 고마웠고, 나도 누군가의 쫌 이상한 사람이면 좋겠다.

쫌 이상한 사람들은 꽤 괜찮은 사람들이다. 아니, 진짜 괜찮은 사람들이다. 주변을 위해 작은 것을 실천하는 사람들, 생명을 사랑하고 행복을 즐길 줄 아는 사람들이다. 그런 사람들이 우리 반에도 많이 있다!

이 책을 더 재미있게 읽으려면 그림책의 그림을 자세히 살펴보면 된다.『쫌 이상한 사람들』은 모두 파란빛을 띠고 있다. 우리 반 이번 주 당번 두 녀석 주위에도 파란빛이 번쩍 나오는 것을 보았다. 자세히 보니 우리 반 곳곳에서 그 파란빛을 발견한다. 다정하게 친구의 이야기를 들어주는 곳에서도, 모르는 것을 친절하게 가르쳐 주는 아이에게서도 보인다.

학기 초부터 긴 머리 때문에 여자냐고 놀림을 받지만 대수롭지 않게 웃으며 넘기는 한 남자아이가 있었다. 긴 머리는 누군가를 위해 쓰일 것이기에 기꺼이 놀림은 감수하겠다는 이 아이의 파란빛은 앞으로도 오랫동안 사라지지 않을 것이라고 믿는다.

5월, 광주의 아픔을 느끼다

『오늘은 5월 18일』, 서진선 글 · 그림, 보림

5월이 되면 다른 달보다 함께 읽을 책이 훨씬 많아진다. 어린이날, 어버이날, 스승의 날의 의미를 담아 특별한 책들을 고르고 아이들과 함께 읽는다. 스승의 날이 지나고 나면 또 하나의 날이 눈에 띈다. 바로 5월 18일이다. 졸업하고 어른이 되어 다시 만난 제자들에게 학창 시절 기억에 남는 수업이 무엇인지 물어보니, 작가님을 만나 함께한 수업을 인상 깊은 순간으로 꼽았다. 그림책 한 권에서 시작되었던 그날의 이야기는 우리가 더운 여름도 잊을 만큼 뜨겁게 배우고 공감했기 때문일 것이다.

김지혜

우리 반은 한 달에 하나의 주제를 정해 교육과정을 재구성하여 수업을 진행한다. 이달의 주제는 '라온 한국'이라는 이름의 프로젝트로 우리나라의 근현대사를 배우고 있었다. 일제강점기는 권윤덕 작가의 『꽃할머니』로, 광복 이후의 이야기는 권윤덕 작가의 『나무 도장』으로 만났다. 6.25 전쟁은 서진선 작가의 『엄마에게』를 통해 깊이 있게 다루었고, 현대사에서는 역시 서진선 작가의 『오늘은 5월 18일』을 함께 읽었다.

『오늘은 5월 18일』은 한 남자아이의 시선으로 5.18을 그린 작품이다. 이 사건으로 한 가족의 일상이 어떻게 송두리째 변하는지 읽는 내내 느낄 수 있다. 그림책을 통해 어린아이가 본 5.18은 소중한 가족을 잃어버린 날로 생생하게 그려진다.

책을 다 읽고 나서 상기된 얼굴로 학생들이 던진 첫 질문은 "진짜 있었던 일인가요?"였다. "이 일이 정말 우리나라에서 있었다고요?"라며 도저히 믿을 수 없다는 표정을 지었다.

처음 역사를 가르칠 때 중요한 사실을 외우게 하고, 공책에 빈칸을 정리하며 쪽지 시험을 보는 식으로 수업을 반복했다. 그때는 중요한 사건을 알려주는 방식에 어떤 감정을 싣거나 나눌 필요가 없다고 생각했다. 하지만 '역사적 공감'과 '역사적 상상력'을 중심에 두고 수업을 설계하기 시작하면서 비로소 그때의 사람이 보이기 시작했다. 사건 너머의 깊은 사연들이 눈에 들어왔다.

이 책을 읽고 아이들은 저마다 자신만의 글을 썼다. 읽고 이야기하면 다 날아가 버리지만, 공책에 꾹꾹 눌러 담은 글은 머리와 마음에서 손으로 이어져 오래 기억된다. 글을 쓸 때는 조용한 분위기에서 충분히 생각하고 쓸 수 있도록 시간을 많이 주었다. 어떤 아이들은 서평을 썼고, 어떤 아이들은 작가에게 진심을 담은 편지를 썼다. 그 글들을 소중히 모아 작가님께 전달했다. 그저 숙제로 쓴 글이 아니라 함께 울고 아파했던 진솔한 글이기에, 이 마음을 누군가에게라도 꼭 보내고 싶었다. 작가님께서 아이들의 순수한 마음을 기꺼이 받아주시기를 바라는 마음이 간절했다.

기대했던 대로 작가님께 글을 잘 받았다는 연락을 받았다. 그리고 내가 농담 반 진담 반으로 "교실에 한번 와주실

수 있나요?" 하고 던진 질문에, 작가님은 흔쾌히 지방까지 오시겠다고 말씀해 주셨다. 그것은 엄청난 일의 시작이었다.

작가 초청을 즉흥적으로 결정하고 나니 행정적인 절차는 미흡하여 우여곡절이 많았다. 다행히 아이들이 자발적으로 나서며 준비를 잘해주었다. 자신들만의 색깔로 책을 표현하는 다양한 공연을 준비했다. 낭독극, 그림책 연주, 즉흥극을 연습하기도 하고, 작가님을 환영하는 작품들로 교실 곳곳을 꾸몄다.

서울에서는 흔한 일일지 몰라도, 지방에서 이렇게 작가를 모셔서 반에서 깊이 있게 공부한다는 것은 생각만큼 쉬운 일은 아니다. 가끔 학교에서 작가와의 만남을 주선하기도 하지만, 일회성 행사에 그치고 만다는 아쉬움이 있었다. 그러나 작가의 모든 책을 읽고, 충분히 공부하고, 독자가 준비한 행사에 작가를 직접 초대하는 일은 아주 특별하고 의미 깊은 경험이라고 생각했다.

"선생님, 도착했어요. 현관이에요."

아이들보다 내가 더 떨려서 심장이 터질 것 같았다. 교실 밖으로 뛰어나가 "작가님!" 하며 소녀 팬이 되어 작가님을 맞이했다. 작가님 손에 든 엄청나게 커다란 캐리어가 눈에 들어왔다. 작가님도 우리를 위해 만만치 않게 준비해 오신 것이었다. 폭염 속에 이 무거운 짐을 들고 서울에서 경산까지 오시느라 얼마나 고생하셨을까 생각하니 죄송스러운 마음이 들었다. 작업 중일 때는 강연도 잘 안 하신다고 들었는데, 곤란하게 한 것은 아닐까 계속 마음이 쓰였다. 하지만 작가님도 우리만큼 이 만남을 기대하고 계셨다고 말씀해 주셨다.

교실 문을 열자 학생들의 눈빛에서도 떨림이 느껴졌다. 책을 읽을 때만 해도 이 책을 쓰신 분을 직접 만나게 될 줄은 꿈에도 몰랐었다. 긴장된 목소리의 환영 인사, 그림책 낭독, 연극이 끝나고 피아노 연주가 시작되었다. 본래 잘 떨지 않는 아이였는데, 피아노 치는 아이의 표정에서 긴장한 기색이 역력했다. 그림책을 모티브로 한 연주곡은 이선희의 「인연」이라는 곡이었다. 오랜 시간 그림책과 어울리는 곡을 고민해서 선택한 곡이라고 했다. 그림책 『엄마에게』에 등장하는 장기려 박사님의 둘째 아들 '가용'이의 마음을 떠올리며 연주를 들으니 모두가 숙연해졌다. 전쟁으로 헤어진 엄마를

그리워하는 '가용'이의 슬픔이 피아노 연주로 느껴지는 것
같았다.

"선생님, 왜 역사로 이야기를 쓰세요?"

작가님께 질문하는 시간에 한 친구가 이런 질문을 했다.

"대부분의 작가들은 즐겁고 재미있는 이야기를 만들잖
아요. 저는 저만이라도 역사를 다루고 싶었어요. 숨겨져서
밝혀져야만 하는 이야기를 제가 쓰고 싶었어요."

작가님은 아이들과의 질문 시간에 모든 아이의 모든 질
문을 상세하게 답해주셨다. 온몸으로 집중해서 아이들의 질
문을 들어주시고 진지하게 대답해 주시는 모습에 아이들도
온 마음으로 소통했던 순간이었다.

독자들이 준비한 1부가 끝난 뒤, 2부에서는 작가님이 직
접 이야기를 들려주셨다. 그림책 『오늘은 5월 18일』을 1인
극으로 보여주셨다. 교실은 순식간에 작은 소극장으로 변했
다. 칠판에는 천을 드리우고, 철조망을 두르고, 의상도 갈아
입으시며, 음향까지 직접 꼼꼼히 확인하시는 모습은 마치
대형 무대의 배우와 같았다. 작은 교실이었음에도 그 정성
에 다시 한번 감동했다.

교실 조명이 켜지고 연극이 시작되었다. 동생이 되는가 하면 누나가 되고, 또 군인이 되는 등 순간순간 표정과 몸짓을 바꾸시는 모습을 보며 관객들은 깊이 몰입했다. 특히 태극기를 흔들며 "민주주의 만세"를 외치실 때는, 아이들 모두 숨을 죽이고 연극에 집중했다. 작가님은 가슴속 깊은 곳에 담아두었던, 어린 시절 기억을 꺼내어 작품으로 만들고 이렇게 우리에게 전해주셨다.

하루의 짧지만 긴 만남이었다.
우리 반의 작은 씨앗들은 평화라는 꽃을 피워 그 향기를 은은하게 퍼트릴 것이다.

어린이는
자란다

함 께 읽 다 , 함 께 자 라 다

초판 1쇄 발행 2025. 11. 30.

지은이 김지혜, 김경희
펴낸이 김병호
펴낸곳 주식회사 바른북스

편집진행 이지인
디자인 김민지
마케팅 송송이 박수진 박하연

등록 2019년 4월 3일 제2019-000040호
주소 서울시 성동구 연무장5길 9-16, 606호 (성수동 2가, 블루스톤타워)
대표전화 070-7857-9719 | **경영지원** 02-3409-9719 | **팩스** 070-7610-9820

•바른북스는 여러분의 다양한 아이디어와 원고 투고를 설레는 마음으로 기다리고 있습니다.

이메일 barunbooks21@naver.com | **원고투고** barunbooks21@naver.com
홈페이지 www.barunbooks.com | **공식 블로그** blog.naver.com/barunbooks7
공식 포스트 post.naver.com/barunbooks7 | **페이스북** facebook.com/barunbooks7

ⓒ 김지혜, 김경희, 2025
ISBN 979-11-7263-684-5 03180